山西省哲学社会科学规划课题（2019~2020）项目支持
山西省高等学校哲学社会科学研究项目资助

家庭农场的规模经济与适度规模经营研究

STUDY ON ECONOMIES OF SCALE
AND MODERATE OPERATION
SCALE OF FAMILY FARM

刘 婧 著

中国财经出版传媒集团
中国财政经济出版社

图书在版编目（CIP）数据

家庭农场的规模经济与适度规模经营研究／刘婧著．－－北京：中国财政经济出版社，2019.9
ISBN 978－7－5095－9255－7

Ⅰ．①家… Ⅱ．①刘… Ⅲ．①家庭农场－规模化经营－研究－中国 Ⅳ．①F324.1

中国版本图书馆 CIP 数据核字（2019）第 209230 号

责任编辑：彭　波　高树花　　责任印制：党　辉
封面设计：卜建辰　　　　　　　责任校对：李　丽

中国财政经济出版社 出版

URL：http：//www.cfeph.cn
　E－mail：cfeph＠cfemg.cn

（版权所有　翻印必究）

社址：北京市海淀区阜成路甲 28 号　邮政编码：100142
营销中心电话：010－88191537
北京财经印刷厂印装　各地新华书店经销
880×1230 毫米　32 开　4.875 印张　120 000 字
2019 年 9 月第 1 版　2019 年 9 月北京第 1 次印刷
定价：58.00 元
ISBN 978－7－5095－9255－7
（图书出现印装问题，本社负责调换）
本社质量投诉电话：010－88190744
打击盗版举报热线：010－88191661　QQ：2242791300

前　言

当前,随着中央及地方各级政府对家庭农场等新型农业经营主体的重视与扶持,我国的家庭农场得到蓬勃发展。尤其是在2018年国务院发布关于实施乡村振兴战略以后,2019年中共中央1号文件又提出"要培育发展家庭农场,发展适度规模经营"这一战略规划和指导性意见,进一步为农村经济的发展指明了方向。家庭农场作为一种独立的新型经营主体,其发展程度与发展水平必然有一定的衡量基准。那么,如何才能有力地推进家庭农场的发展?如何提升家庭农场的经营效益?抑或如何判断家庭农场的适度规模?带着这些疑惑与问题,本人陷入了沉思。基于此,开始大量查阅相关文献与资料,不仅涵盖了学术期刊数据库、互联网以及相关书籍,而且还涉及政府相关政策文件;不仅了解国内已有研究成果,而且还借鉴国外相关经典理论。与此同时,本人也获得大量详尽的第一手数据与资料,将理论应用到实践中,将方法在具体实践中检验。并依托山西省哲学社会科学项目和山西省高校哲学社会科学项目的资金支持,以发放调查问卷和访谈的方式,对山西省晋南地区上百户家庭农场进行实地调研与考察,以获取相关数据。

本书结构脉络清晰，层次一目了然，全书共分为六章。前半部分指明了当下的研究动态并详细介绍了规模经济的相关理论以及家庭农场适度规模经营研究的定量分析方法；在后半部分，依据对晋南地区果蔬类与种植类家庭农场的实地调研数据，运用超越对数成本函数和C-D生产函数进行实证分析并测算其适度规模经营范围，得出研究结论并给出相应的政策建议。本书鲜明地指出了家庭农场的适度规模经营与个体差异性有关，同时也阐述了家庭农场的收入是影响适度规模经营的最重要因素。本书是对笔者近些年来相关研究思想精华的总结与提炼，具有一定的学术价值以及现实指导意义。不仅可以丰富我国家庭农场的相关研究，而且还能为促进家庭农场的发展以及农村地区的经济改革提供一定借鉴。

本书适合具有一定经济学基础的广大高校科研人员和政府工作人员以及具有较高文化素养的家庭农场经营者阅读，同时在阅读以及运用本书相关成果的过程中，要注意从实际出发，具体问题具体分析。

摘　　要

　　党的十九大报告提出了"乡村振兴战略"，农业适度规模经营在乡村振兴的诸多部署中具有举足轻重的连带效应。随着工业化、城镇化进程的深入推进，我国农业资源日趋短缺，耕地资源碎片化的现象逐渐严重。农业规模经营研究，可以立足于乡村本色，通过规模经营，实现高农业附加、增加农业收益，解决"谁来种粮"和"怎么种粮"的问题，保证粮食安全。早在2013年，中央1号文件就正式作出了发展家庭农场的重大决策，之后几年的中央文件，每年均提到新型农业经营组织的适度规模经营问题。家庭农场要想获得较高的经营效率，其经营规模必须适度，这是国内学者业已达成的共识。因此，深入分析家庭农场适度规模的内涵、规模经济的理论、规模的测算等问题，对推动我国家庭农场持续健康发展具有十分重要的理论和现实意义。

　　通过分析和梳理国内外学者关于家庭农场规模经营的相关研究成果，本书立足于规模经济理论，通过调研获取山西省南部地区的家庭农场数据，采用超越对数成本函数和C-D生产函数，构建了山西省家庭农场适度规模经营的理论框架。本书首先从理论上界定了家庭农场、规模经济、适度规模等核心概念，其次对我国及山西省家庭农场的发展状况进行了梳理，最后对山西省南部家庭农场的适度规模及家庭农场的"进入"和"规模界定"进行了实证分析，并依据研究结论提出了相关政策建议。

通过研究认为：

（1）研究家庭农场的适度规模经营需考虑其个体差异性。对山西省上百家果蔬类家庭农场进行聚类分析，定义其投入和产出并分别采用超越对数成本函数测算家庭农场的规模经济。研究结果表明，经济绩效指标相对较好、经营潜能指标较差的家庭农场是规模不经济的，这是由于劳动投入过大和产出收益较低造成的；经济绩效相对较差、经营潜能较大的家庭农场全部实现了规模经济，该类家庭农场的适度规模经营面积平均为7.27公顷，流转面积和其他承包经营面积均值分别为4.58公顷和1.95公顷。

（2）适度规模经营源于规模经济的实现。以种植业家庭农场为例测算其规模经济数值，进一步研究家庭农场的适度规模经营问题。估算结果表明，在当前的要素市场和政策背景下，玉米、杂粮和小麦类家庭农场总体是规模不经济的，这是由于资本投入份额相对于劳动和土地占总投入生产成本的比例较大造成的。从已经实现规模经济的家庭农场测算结果来看，玉米、杂粮类家庭农场的适度经营规模为17.32公顷；小麦类家庭农场的适度经营规模为7.76公顷。据此，应从推进土地流转、加大农场直接补贴、培育现代化农场主的角度提出实现家庭农场规模经济的对策建议。

（3）收入因素是衡量农场适度规模的第一因素。运用经济学机会成本理论，测定家庭农场的"进入边界"；以土地、劳动力和资本三个生产力要素，构建 C-D 生产函数测定其适度经营规模区间；利用成本－收益函数推导均衡时期的劳动力最优平均耕地面积模型，确定其最优经营规模。结果表明，水果类家庭农场适度经营规模的"进入边界"为 1.60 公顷/户；适度经营规模最小区间为 [1.333，1.66] 公顷/户，中度规模区间为 [1.66，2.33] 公顷/户，高度规模区间为 [2.33，3.88] 公顷/户；最优经营规模应为 3.87 公顷/户。由于劳动力投入规模和农场经营规模不合理等原因使样本家庭农场处于中度规模区间。据此，本书从加大补贴、提高农民保障的角度，提出促进家庭农场实现适度规模经营的建议。

ABSTRACT

Stressed by the report of the 19th national congress of China, the strategy of rural revitalization was put forward. With the deepening of industrialization and urbanization, China's agricultural resources are becoming increasingly scarce, and the phenomenon of fragmentation of arable land resources is very serious. The research on agricultural scale operation can be based on the nature of rural areas and realize high agricultural addition and increase agricultural income through scale operation, so as to solve the problem of "who will grow grain" and "how to grow grain" and ensure food security. 2013 No. 1 central official made the important decisions about the development of family farm. After following years, each central official document has mentioned the new agricultural operation organizations of moderate scale management questions. In order to obtain higher operating efficiency, the scale of family farm operation must be moderate, which is the consensus reached by domestic scholars. Therefore, it is of great theoretical and practical significance to deeply analyze the connotation of moderate scale of family farms, the theoretical connotation of scale economy and the measurement of scale to promote the sustainable and healthy development of family farms in China.

By analyzing and combing the domestic and foreign scholars on the family farm scale operation of the relevant research results, this book is based on economies of scale theory, family farm in the south of Shanxi Province data obtained through investigation and research, adopting logistic cost function and C – D production function, build the theory frame of the family farm moderate scale management in Shanxi Province. Book first theoretically define the family farm, economies of scale and moderate scale of the core concepts of the connotation, and then to our country and generalizes the development situation of the family farm in Shanxi and the last of the family farm in southern Shanxi Province moderate scale and family farm "into" and "scale to define" the empirical analysis, and puts forward relevant policy Suggestions according to the research conclusion. According to the research:

(1) To study the moderate scale operation of family farms, individual differences should be considered. Cluster analysis was carried out on 109 family farms of fruits and vegetables in Shanxi Province, their input and output were defined, and the economies of scale of family farms were calculated by using the Translog cost function. The results show that the family farms with relatively good economic performance index and poor operating potential index are diseconomies of scale, which is caused by large labor input and low

ABSTRACT

output return. All family farms with relatively poor economic performance and large operating potential have realized scale economy. The average area of moderately scaled operation is 7.27hm^2, and the average area of circulation and other contracted operation is 4.58 hm^2 and 1.95 hm^2, respectively.

(2) Moderate scale management results from the realization of scale economy. Take family plantation as an example to calculate its economies of scale and further study the moderate scale of family farm operation. The estimation results show that under the current factor market and policy background, family farms of corn, coarse graina and wheat are generally uneconomic in scale, which is caused by the large proportion of capital input relative to labor and land in the total input production cost. The appropriate operation scale of corn and coarse grain family farms is 17.32hm^2 from the family farms that have achieved scale economy. The moderate scale of wheat family farm was 7.76hm^2. Accordingly, the countermeasures and suggestions for realizing the scale economy of family farms should be put forward from the perspective of promoting land transfer, increasing direct farm subsidies and cultivating modern farmers.

(3) Income is the first factor to measure a modest farm size. Using the opportunity cost theory of economics, determine the "entering boundary" of family farm; With land, labor and capital as three productive factors, the C – D production function is constructed to measure its moderate scale of operation. Using cost – benefit

function, the model of optimal average arable land area of labor force in equilibrium period is deduced, and the optimal operation scale is determined. The results show that the "entering boundary" of the sample family farm is 1.60hm^2/family. The minimum range of moderate operation scale is [1.333, 1.66] hm^2/household, the middle range is [1.66, 2.33] hm^2/household, and the height range is [2.33, 3.88] hm^2/household. The optimal operation scale should be 3.87hm^2/unit. Due to the unreasonable scale of labor input and farm operation, the sample family farms are in the medium scale range. Based on this, some suggestions are put forward to promote family farm to realize moderate scale operation from the perspective of increasing subsidies and improving farmers' security.

目　　录

第1章　导论 ··· 1
　1.1　研究背景 ··· 1
　1.2　研究目的和意义 ·· 4
　　1.2.1　研究目的 ·· 4
　　1.2.2　研究意义 ·· 4
　1.3　国内外研究动态 ·· 6
　　1.3.1　国外研究动态 ······································ 6
　　1.3.2　国内研究动态 ······································ 8
　1.4　研究思路 ·· 11
　1.5　研究方法 ·· 13

第2章　规模经济基本理论 ································· 15
　2.1　规模经济的理论基础 ································· 17
　　2.1.1　短期成本和长期成本 ··························· 17
　　2.1.2　规模经济与规模不经济 ······················· 20
　2.2　经济理论中的规模经济和规模报酬 ············· 21
　　2.2.1　规模经济和规模报酬的概念 ················· 21
　　2.2.2　规模经济和规模报酬的关系 ················· 23
　2.3　规模经济的基本计量方法 ·························· 27
　　2.3.1　生产函数法 ·· 27

2.3.2　固定投入比例生产函数 ················ 29
　　2.3.3　柯布-道格拉斯生产函数 ················ 30
　　2.3.4　固定替代弹性生产函数 ················ 33
　　2.3.5　成本函数法 ························ 36
　　2.3.6　适存检验法 ························ 40
　　2.3.7　综合评价法 ························ 43

第3章　家庭农场适度规模经营的定量分析方法 ············ 51
　3.1　柯布-道格拉斯成本函数 ······················ 51
　3.2　超越对数成本函数 ·························· 52

第4章　家庭农场的发展状况 ························ 55
　4.1　我国家庭农场的发展历程及现状 ················ 55
　　4.1.1　我国家庭农场的发展历程 ················ 55
　　4.1.2　我国家庭农场的发展现状 ················ 58
　4.2　山西省家庭农场的发展状况 ···················· 62
　　4.2.1　山西省家庭农场的发展历程 ················ 62
　　4.2.2　山西省家庭农场的发展现状 ················ 63
　　4.2.3　山西省家庭农场的发展特点 ················ 68

第5章　家庭农场适度规模经营的实证研究：
　　　　以山西省南部为例 ·························· 70
　5.1　果蔬类家庭农场的适度规模经营 ················ 70
　　5.1.1　数据搜集 ···························· 70
　　5.1.2　家庭农场的聚类分析 ···················· 73
　　5.1.3　果蔬类家庭农场的适度规模经营 ············ 81

目 录

    5.2 种植类家庭农场的适度规模经营 …………… 90
        5.2.1 数据分析 ………………………………… 90
        5.2.2 种植类家庭农场的适度规模经营 ……… 94
    5.3 家庭农场的进入边界：以水果类
        家庭农场为例 ………………………………… 99
        5.3.1 数据获取及分析 ………………………… 99
        5.3.2 "进入边界"及规模区间的
             推导与确定 …………………………… 106
        5.3.3 家庭农场最优经营规模的实证分析 …… 110

第6章 结论和政策建议 ……………………………… 114
    6.1 果蔬类家庭农场的结论和建议 ……………… 114
        6.1.1 结论 ……………………………………… 114
        6.1.2 政策建议 ………………………………… 116
    6.2 种植类家庭农场的结论和建议 ……………… 117
        6.2.1 结论 ……………………………………… 117
        6.2.2 政策建议 ………………………………… 118

附录一 英文人名翻译表 ……………………………… 120
附录二 家庭农场生产经营状况调查问卷 …………… 125
参考文献 ………………………………………………… 128

第 1 章

导　　论

1.1 研究背景

"如何种地"已经成为当今社会各界关注的热点问题,是我国推进农业现代化,实现乡村振兴的核心问题,关乎农民的切身利益。

我国自从在农村推广家庭联产承包责任制以来,激发了农民生产的积极性,促进了农村经济的快速发展,农村居民的生活质量显著提高。但是随着家庭联产承包责任制弊端的日益显露,更多的农户发现难以通过家庭联产承包责任制解决小农户与大市场对接的冲突和矛盾,农户在经营过程中遇到各种风险无法有效解决,大大降低了务农的收益和积极性。此外,伴随着我国改革开放的进一步推进,以及我国工业化、城镇化进程的发展,进城务工的收入远远高于农业收入,使得越来越多的农村劳力涌入城市,以期获得更稳定、更高的工资收入。长此以往，农村大面积的弃耕、抛荒、撂荒等问题十分严重，大量"空心村"不断涌现，"谁来种田""无人种田"引发了专家学者对粮食危机的思考，解决"如何种田，怎样种田"这一问题显得尤为迫切。2013年党的十八届三中全会通过的《中共中央关于全面深化改革重大问题的决定》指出，要坚持家庭经营在农业中的基础地位，发展家庭经营、集体经营等多种形式的规模经营，创新农业经营方式，加快构建新型农业经营体系，奠定家庭农场在我国农业现代化发展中的地位。农业部办公厅印发的《2016年农村经营管理工作要点》指出，要引导发展多种形式适度规模经营，总结不同区域、不同产业家庭农场发展的模式，创新指导服务方式。2017年农业部关于促进家庭农场发展的指导意见之一，仍是引导承包土地向家庭农场流转，落实对家庭农场的扶持政策，支持家庭农场稳定经营规模。从1987年开始，中共中央第5号文件第一次明确提出家庭农场"适度规模经营"这个概念，延续至今，中央若干重要文件（例如，历年的"1号文件"及农业部办公厅印发的《2016年农村经营管理工作要点》）和若干《决定》，包括2017年农业部关于促进家庭农场发展的指导意见、2018年和2019年的中共中央1号文件，均多次提到"适度规模经营"的问题，这足以说明农场适度规模经营问题的重要性和普遍性。

家庭农场"适度规模经营"是一个动态的概念，其适度规模经营的确定应基于家庭农场实现规模经济的基础上，应因地制宜的适用于不同的地区和不同的标准，使经营规模处于适宜的规模范围内。由于家庭农场具有区域差异和个体异质性，关于家庭农场规模经济及适度规模经营的问题，其规模应与当地经济发展水平、社会化服务体系相适应。规模经营并不是越大越好，要兼顾劳动生产率、土地产出率、成本费用利用率等同步提升的需要。换言之，从研究家庭农场规模经济入手，结合当地经济发展因地制宜地确定家庭农场适度规模经营，是较为科学和可信的研究路径。

山西省农业厅于 2013 年 11 月 4 日下发《关于认定家庭农场的暂行意见》，提出认定家庭农场的指导性意见。相比于其他经营主体，家庭农场应以家庭为农业经营的主体，其劳动和资本合一使家庭能够在农业种植领域具有独特的优势，并且能够促进农民增收、保障农产品供给。因此，培育和发展家庭农场将是我国农业微观组织改革的基本目标，实现家庭农场规模经营化是稳定家庭承包经营的有效选择。《关于认定家庭农场的暂行意见》认为，家庭农场经营规模须达到一定标准并相对稳定，比如从事露地蔬菜、瓜果、棉花、油料、甜菜、烟叶、药材生产的种植面积在 50 亩（3.333 公顷）以上，然而这个 "50 亩以上"到底应该具体到多少才是最佳的经营规模？50 亩是否可作为合理的界定区间？

在宏观主体政府部门对农业食品安全的重视和微观主体农户对收入的不断追求和利润最大化的背景下，选择山西省家庭农场为研究对象，通过对其土地经营面积、投入、产出等家庭农场的基本情况和农业生产方面的实地调研，整理并收集相关资料和数据，运用超越对数成本模型（Generalized Translog Cost Function，GTCF）对山西省南部主要县市果蔬类和种植类家庭农场的适度规模经营进行研究，进一步分析目前影响家庭农场适度规模经营生产的制约因素,并针对这些制约因素因地制宜地提出相应的对策和建议。

1.2 研究目的和意义

1.2.1 研究目的

1.2.1.1 完善我国家庭农场土地适度规模经营的理论

目前,研究家庭农场适度规模经营的成果不少,以不同的指标体系衡量家庭农场的适度规模经营,其形成的结果也不尽相同。本书以聚类分析、规模经济以及家庭农场的"进入边界"及"最优规模"的上下边界为切入点,试图构建一个相对丰富的界定家庭农场土地适度规模的评价标准,以补充和完善我国家庭农场土地适度规模研究的理论框架。

1.2.1.2 实证分析果蔬类、种植类家庭农场土地适度规模

在聚类分析的基础上,依托山西省家庭农场微观数据,运用超越对数成本函数对家庭农场的适度规模进行确定,以达到有效测度山西省家庭农场适度规模的目的。

1.2.2 研究意义

规模经营是土地、劳力、资本及智力四大要素的最佳配置，也是一种现代农业生产经营模式，是相对一家一户小农生产方式的飞跃。土地适度规模经营是实现农业生产机械化的前提，对于提高劳动生产率、降低农业生产成本和增加农民收益具有重要的意义。

1.2.2.1 理论意义

项目研究丰富和完善了家庭农场土地适度规模研究的相关理论。以山西省南部家庭农场为研究对象，对不同类别家庭农场的适度规模进行有效测度，并对家庭农场的生产、投入产出等经营情况进行调查。从土地、人力、资本等视角分析研究果蔬类家庭农场的适度经营规模及其规模经济，以期能够找出使果蔬类家庭农场实现适度经营并取得规模效益，同时能够确保经济收入稳定持续增长的经营规模与方式，在一定程度上充实了家庭农场土地适度规模研究的理论框架，进一步丰富和完善了规模经济和生产成本等理论。

1.2.2.2 实践意义

项目研究以山西省晋南地区各县市果蔬类家庭农场为研究目标，分析其发展现状、发展趋势和制约其发展的因素及解决对策，从提高农民收入，促进农业增产和现代农业的快速发展两个方面入手，通过对晋南地区各县市果蔬类家庭农场的生产、投入、产出等经营情况进行调查，并在此基础上从土地、人力、资本视角分析研究家庭农场的适度经营规模及其规模经济，以期能够找出家庭农场实现适度经营的边界和最优规模，确保农场经济收入稳定持续增长，对家庭农场的健康快速发展提供建设性参考意见,并为加快现代化农业经营方式提供一条可行性思路。

1.3 国内外研究动态

1.3.1 国外研究动态

1.3.1.1 家庭农场的定义和内涵

国外的家庭农场发展比较早,且相对成熟。约翰·莱蒙斯(John Lemons,1986)定义了家庭农场,从家庭农场所有者、结构、规模及雇工的视角分析了家庭农场收益取决于经营规模和社会、环境效益。罗普(Raup,1986)认为,家庭农场是家庭雇工人数上限为3人的组织形式,这种农业形式主要表现为家庭主导劳动力、土地和其他要素的投入。加森和埃林顿(Gasson & Errington,1993)认为,农场主既是所有者,也是经营者,家庭成员主要从事农业生产活动,农场收益是农场主生活收入的主要来源,其所有权和运营权会在家庭代际不断传承。德尤费尔德(Djurfeldt,1996)认为家庭农场是生产、消费及亲属关系三种单元的集合体。

1.3.1.2 规模经济理论与适度规模经营

国外规模经济研究主要分为两个时期:古典学者时期和近

代外国学者时期。古典学者有很多代表人物。其中,亚当·斯密指出分工与专业化是规模经济产生的主要原因,并以此为基础提出了"斯密定理"的论断:随着市场容量的增加,企业规模有无限扩大的趋势。马克思在1867年指出,机器大工业取代手工业是一种历史必然性。斯图亚特(Stuart,1848)发扬了斯密的劳动分工理论,从大规模生产能够带来生产成本节约的角度,阐述了大规模生产的优点。阿瑟·杨也沿承了斯密的分工理论,首次论证了市场规模与迂回生产、市场规模与产业间分工的相互作用机制。在近代外国学者中,科斯认为企业是市场的指明灯,企业的规模由市场交易成本和企业组织成本共同决定,企业内部协调成本随着企业规模的扩大逐渐增加,通常倾向于扩张规模直至在企业内部组织一笔交易所花费的费用等于通过在公开市场上完成同样的一笔交易所花费的费用为止,这才是最佳企业规模。

国外学者提出土地规模报酬递减规律,即产值变动幅度分别大于、等于和小于规模变动幅度称为规模报酬递增、规模报酬不变与规模报酬递减,随着对土地规模报酬递减规律研究的深入,实行规模化生产是具有优势的(威廉·配第,1978;亚当·斯密,2008;大卫·李嘉图;2009),如图1-1所示;主张大规模经营能取得更大经济效益(约翰·梅勒,1990);农场可实现最大利润的规模经济(迈克尔·P. 托达罗,1992);认为大农户比小农户经营效率更高、收益更大(雷纳等,2000);另外一种不同观点不赞同规模经营越大越好,认为对农户的培训非常关键(西奥多·W. 舒尔茨,2006)。

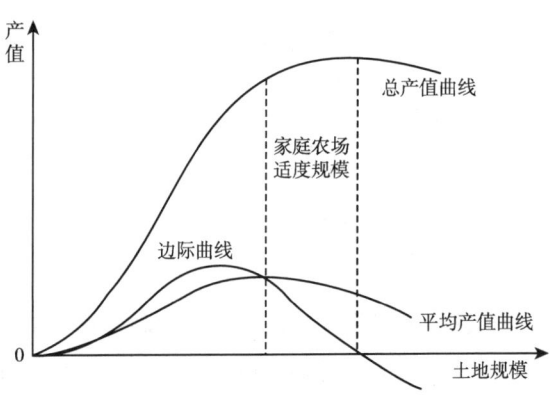

图 1-1　土地投入产出分析

其他经济学者有关家庭农场的适度规模经营主要有三种结论：家庭农场大规模经营与效率是正相关关系；家庭农场大规模经营与效率是负相关（贝利和克莱恩，1979；Zyl et. al.，1995）；家庭农场大规模经营与效率无明显关系（西奥多·W. 舒尔茨，2006）。

1.3.2　国内研究动态

国内学者对家庭农场的适度规模经营进行了大量的研究。

1.3.2.1　家庭农场的定义和内涵

2013年"家庭农场"的概念首次在中央1号文件中出现，陈奇等（2006）将家庭农场定义为一个企业化的组织，以家庭为单位进行经营，生产的目的是通过市场交易获益，而不是简单的自给自足,再生产过程中自负盈亏、自主经营,并形成一定的规模。黄延廷(2013)认为中国家庭农场是小规模农业经营单位,比起传统家庭经营,有了明显改进,更容易适应市场。黎东升(2000)认为家庭农场实行独立经营、自主决策、自担风险、科学管理,是立足于家庭,投入到农产品生产的各个环节,为了追逐最大化利润的企业化经营组织。黄延廷(2011)认为家庭农场的收入应为家庭来源的主要收入,以家庭劳动力为主劳力,且农场应具有一定的规模,经营具有技术含量。高强和孔祥智(2013)认为,家庭农场在现实生活中主要是由专业的种养大户升级而成。在家庭经营的基础上,融合了现代化的农业管理技术和经营理念。袁赛男(2013)认为家庭农场生产经营以家庭成员劳动力为主,其主要具有家庭经营、适度规模、市场化导向、专业化生产、规模化经营、农业收入占主导等特点。

1.3.2.2 家庭农场适度规模经营的内涵

有的学者认为,家庭农场适度规模经营主要是经营面积适度,通过扩张家庭农场的土地面积达到适度的规模;还可以考虑生产要素的投入,比如土地、资本、技术、劳动力投入是否合理,是否实现了家庭农场的规模经济效应(黄河清,1986;岳文韬,1986;韩喜平,2009;福建省委政研室课题组;1992)。何秀荣(2010)认为,适度规模可具体化为依据当地一般劳均收入水平和常规的单位农地收入来估算农地规模的"适度"范围。钱贵霞(2005)认为,政府部门根据当地规模经营水平持平的劳均收入和亩均纯收入,可以计算出人均耕地的适度规模。杨素群（1998）认为，土地最适规模应为剔除生产成本的亩纯收入最大的规模。郑少锋（1998）认为，适度经营规模不仅是在整个农业生产力体系达到最佳时对应的规模，还应包括劳动力、资金和技术的规模。张瑞芝和钱忠好（1999）认为，适度规模还可以从农户经营收益、能力和技术装备等方面综合评价。黄新建等（2013）认为，家庭农场的经营需兼顾劳动和土地生产率，使土地规模收益最大。

1.3.2.3 规模经济理论

国内学者主要有以下三种观点：

第一种观点是基于马克思经济理论，认为分散经营降低资源利用率，支持在规模经济的基础上实现适度规模经营，分散的经营方式将被规模经营所替代（田兴兰，1996；杨文礼和耿霖，1996）。

第二种观点认为实现规模经济对农业领域的贡献并不突出，土地产出率与规模经营没有必然联系（罗必良，2002）。

第三种观点是推崇适度规模经营，认为在实现生产要素的最优配置基础上，还应考虑当地的经济、社会、自然等条件，推进家庭农场适度规模经济有序实施（钟涨宝和聂建亮，2010；罗荣根，1997；丁春福，2003）；生产要素投入的同比例变化能带来内部规模经济，由于投入要素不可分性，社会要素集聚与外部产业关联能带来外部规模经济（蔡昉和李周，1990）。

1.3.2.4 家庭农场适度规模经营的测算

家庭农场实现规模经济与适度规模经营不在于土地经

营规模多大，而是存在一个"适度"的问题。目前国内的测算方法主要有 C-D 生产函数法、DEA 法、上下限法、机会成本和分组比较法等，而采用超越对数成本函数法进行家庭农场适度规模经营的实证研究非常少。比如通过采用 C-D 生产函数法，以收益—产出作为规模确定依据，分别计算黑龙江和吉林家庭农场适度规模经营面积（任荣华，2007）；运用 DEA 法采用总体效率、技术效率和规模效率的方法，对江苏省一般性农户和水稻种植户的适度规模经营进行研究（何宏莲等，2011）；采用上下限法，以劳动力转移程度、收入水平和机械化水平作为规模确定依据，认为我国北方家庭农场的适度规模经营面积为 8 公顷，南方为 4 公顷（袁小慧等，2014）。王征兵（2011）运用机会成本法，以收入水平作为规模确定依据，认定江西省家庭农场的适度规模为 2.10 公顷；还采用直观评价法，以农业经营者素质、机械化水平和农业社会化服务体系作为规模确定依据，认为江苏沛县粮食家庭农场适度规模为 0.29 公顷，蔬菜家庭农场适度规模为 2.21 公顷（王佳洁和鞠军，2010）；采用分组比较法，以分组比较产量和收入差异为规模确定依据，认为安徽繁昌县家庭农场适度规模为 1.33~2 公顷（贺雪峰，2010）。

1.4 研究思路

本书的研究思路（图 1-2）从五个方面入手：文献综述、

理论分析、数据采集、实证分析和研究归纳。

通过文献总结和综述，从理论上总结了家庭农场的定义和内涵、家庭农场适度规模经营的内涵、规模经济理论与家庭农场适度规模经营的计量方法。

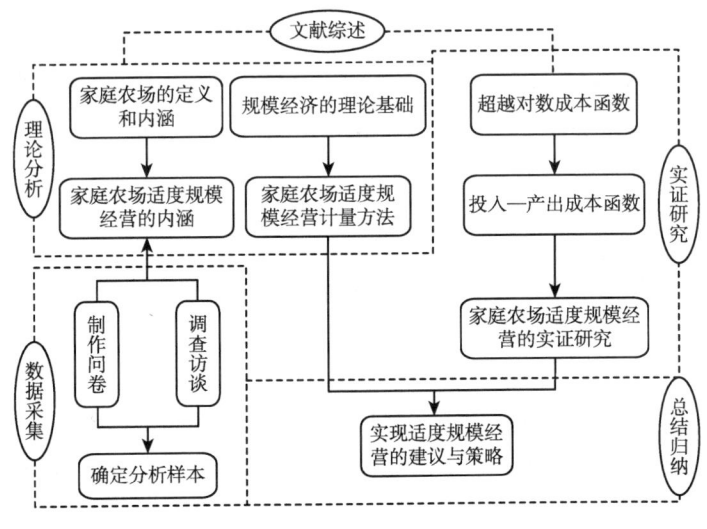

图 1-2　研究思路

首先，制作调查问卷，通过对山西省南部家庭农场的实地调研以及同家庭农场主访谈，获得样本数据，筛选后确定分析样本。在数据采集和样本确立的基础上，进一步实证分析家庭农场的适度规模经营问题。

其次，整理文献，搜集家庭农场适度规模经营的实证研究方法，最终选择了超越对数成本函数，基于规模经济的视角，对家庭农场的适度规模经营进行实证研究，探讨既得的实证结果。

最后,有针对性地提出实现家庭农场适度规模经营的相关策略建议,以期更好地促进新型农业经营组织在乡村振兴战略大背景下的健康发展。

1.5 研究方法

(1)文献综述法。通过大量收集中英文图书、刊物查询和网页浏览资料的方式,整理相关研究文献,这是本书研究的理论来源。吸收、借鉴相关文献的先进研究方法、理论模型和实证研究方法,为构建成本函数进行规模经济的实证研究提供研究依据。

(2)问卷调查法。以调查问卷的形式,调研了山西省南部上百户家庭农场。数据来源:一部分实地调研获取;另一部分通过山西省农业厅提供的数据资料,调查家庭农场的基本信息和农场主对规模经营的认知情况,为之后的实证研究提供数据支撑。

(3)统计分析法。利用 Excel 对搜集的数据进行分类处理,并对样本进行描述性分析。分析了家庭农场的基本信息、资源配置、运营状况等。

(4)比较分析法。国外家庭农场的发展,虽然有异于我国家庭农场的发展模式,但其本质是相似的。而国外研究家庭农场的一些实证方法,更有利于我们分析和借鉴,探析适宜研究我国家庭农场适度规模经营的方法。

（5）实证研究法。实证研究法主要回答"是什么"的问题。本书从调查事实出发，利用超越对数成本函数模型和C－D生产函数模型，基于规模经济的视角，分析家庭农场的适度规模经营问题，寻找它们之间的运行规律，预测经济行为的后果，最终形成一套研究路径。

第 2 章

规模经济基本理论

规模经济可以追溯到西方古典学者从专业化分工的角度对其进行的阐述,古典经济学派的鼻祖斯密(Smith,1976)在《国富论》中以扣针制造业为例阐述了分工的意义。斯图亚特(1848)在其著作《政治经济学原理》中沿承和发展了斯密的劳动分工论,肯定大规模生产的优点,并且从生产成本节约的角度进行了论述,任何经济中的小个体、小经济都不能与大个体、大经济进行竞争。亚当·斯密的定理之一:"'分工受市场范围的限制'认为通过社会分工可以节约劳动时间,增加工人劳动熟练程度,通过改进劳动工具,提高劳动生产效率,充分利用有限的社会资源,增加社会总财富。所以,工厂规模如何扩大,扩大到什么地步,也就是增加分工和增加财富的核心问题(Smith,1910)。"

新古典学派的马歇尔(Marshall)同样也发展了斯密的观点,根据分工和专业化的程度提出规模内部经济和外部经济。他提出了规模经济和控制力及垄断之间的关系,即著名的"马歇尔冲突",在追求规模经济的同时,会使大企业更具有控制力,容易形成垄断。亚瑟·杨(Arthur Young)也发展了斯密古典经济学中的分工理论，突破了斯密的"分工受市场范围的限制"一说，论证了分工和市场规模之间互相影响、互相制约的关系，他在《报酬递增与经济进步》的论文中指出，企业规模在生产和产业间是彼此迂回、互相作用、逐渐演进的，市场规模取决于分工，分工又反过来取决于市场规模。卡尔·马克思认为，随着企业不动产和资产额的累积，劳动由简单的协作发展到以分工为基础的协作和不分工的协作，即以机器体系为基础的协作，认为较大的资本比较小的资本更有竞争力。近代外国学者对规模经济与企业大小之间的关系进行了探讨，康芒斯和熊彼特（Commons & Schumpeter）认为规模经济与大型厂商规模有关，大厂商和集中性产业的存在就证明存在规模经济。舒马赫（Schumacher）则认为小的就是美好的（戴骥和葛琼，2009：52）。

制度经济学派的科斯（Coase）指出，企业是对市场的替代，市场交易费用和企业内部组织的协调共同确定企业规模，企业在扩大规模的过程中存在边界。当企业规模扩大到其外部交易费用等同于内部协调费用时，企业规模达到最佳点。威廉·姆森（Williamsen）在《反托拉斯经济学兼并、协约和策略行为》论文中基于市场效率的角度阐述了企业规模经济的问题，认为资金流量调节和奖惩激励是市场的两大功能，企业规模过度庞大和经营上的过度多样化有可能最终导致规模不经济。从资产专用性的角度来看，资产专用程度、交易频率等也决定了企业的规模。巴克利和卡森（Buckley & Casson）通过研究世界市场和跨国公司对外投资的动因及决定因素，探讨公司的规模经济（戴骥和葛琼，2009：53）。

2.1 规模经济的理论基础

2.1.1 短期成本和长期成本

2.1.1.1 短期成本曲线

任何产出的短期成本等于固定成本（TFC）和可变成本（TVC）的总和，但是短期成本用以上方法获得时略显笨拙，短期成本曲线（STC）可以很容易地从平均成本曲线和边际成本曲线获得，而平均成本和边际成本又很容易从总成本曲线得到。那么，短期平均成本（AC）等于平均固定成本（AFC）和平均可变成本（AVC）的和，其中 Q 为产出产量（Blair and Kenny，1987：142－157），即：

$$AC = AFC + AVC \tag{2-1}$$

$$AFC = \frac{TFC}{Q} \tag{2-2}$$

AVC 曲线并不是很容易确定，AVC 的值是由原点到 TVC 线上直线的斜率，比如从原点到点 Z 的直线斜率等于 TVC_1 与产出 Q_1 的比值，那么直线 OZ 的斜率就是 Q_1 产量上的平均可变成本 AVC，同理对于 Q_2，Q_3 和 Q_4 也以此计算。Q_2 产量上的 AVC 小于 Q_1 产量上的 AVC，随着产量的增加，Q_3 产量上的 AVC 也略小于 Q_2 产量上的 AVC。但是，在 Q_4 产量上的 AVC 又开始上升，Q_2 点上的 AVC 等于 Q_4 点上的 AVC，这是因为在这些产出量两边的总可变成本都沿着线 OWW' 推进（图2-1 (a)），用产量表示横轴，AVC 沿着纵轴描绘，便可得到平均可变成本U型曲线（图2-1 (b)）。

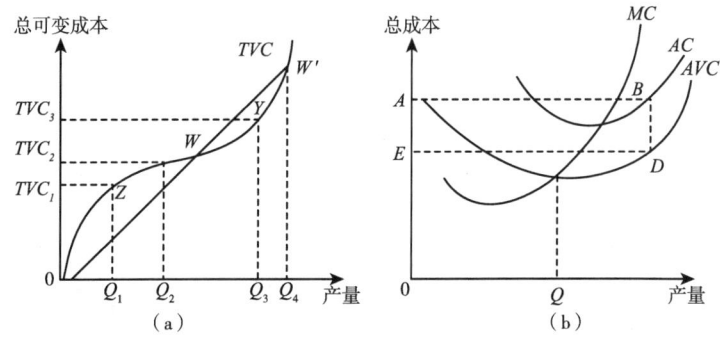

图2-1 短期总可变成本曲线和短期成本曲线

2.1.1.2 长期成本曲线

随着企业的长期发展，企业的投入会随着产出产量的调整发生不断的变化并重新配置。企业在不断地扩张，企业的最小成本也会随着产出产量的变化而调整，定义长期成本曲线是生产每一可能性产出产量下所需的最小的总成本。长期平均成本曲线是每单位产出的最小平均成本（Blair & Kenny，1987：148-151），记为：

$$LAC = \frac{LTC}{Q} \quad (2-3)$$

长期平均成本曲线也为U型，一般形态如图：

定义 w 为劳动工资，L 为劳动力人数，P_k 为资本价格，K 为投入资本量，因为平均劳动产量 $AP_L = L/Q$ 和平均资本产量

$AP_k = K/Q$,则:

$$LAC = \frac{wL + P_k K}{Q} = w\left(\frac{L}{Q}\right) + P_k\left(\frac{K}{Q}\right) = \frac{w}{AP_L} + \frac{P_k}{AP_k} \quad (2-4)$$

平均成本曲线为什么是 U 形的呢?当平均产量增加(减少)时,平均成本下降(上升),当规模报酬递增(递减)时,平均产量是递增(递减)的。同理,当规模报酬递增(递减)时,平均成本曲线呈现出下降(上升)的趋势。呈现出 U 形的平均成本曲线是合理的,U 形曲线下降的那部分因为随着产出的增加,劳动越来越专业化,专业化使员工的工作能力越来越高,那么在工作中浪费的成本越来越低,也就会产生较高的生产效率。U 形曲线上升的那部分是因为专门设计的生产机器比一般机器更具有生产效率,在高产出水平上,这种机器进行生产的耗费机会较大,会导致监督管理成本的增加速度快于产量增加的速度(图 2-2)(Blair & Kenny,1987:151-152)。

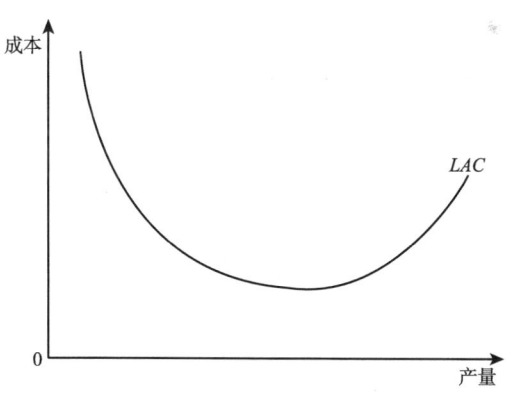

图 2-2　长期平均成本曲线

2.1.1.3 短期成本曲线和长期成本曲线的关系

长期成本曲线中的长期是指可以通过随意调整投入要素，达到企业所需的产量。那么，在这样的一个时期内就可以通过扩大生产系统能力的办法实现产量的增加。显然，这种长时期只能规划现有的生产系统，扩大或者改建生产系统。所以，长期平均成本曲线（LAC）是由无数条短期平均成本（SAC）曲线集合形成的，长期平均成本曲线是一条与多条短期平均成本曲线相切的曲线（图 2 - 3）（Blair & Kenny，1987：154 - 157）。

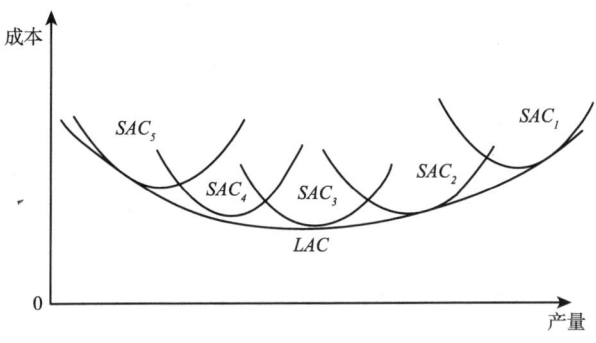

图 2 - 3　长期平均成本曲线

2.1.2 规模经济与规模不经济

规模经济发生在长期成本增加，且边际成本不断下降的阶段，规模不经济发生在长期成本增加，且边际成本不断上升的阶段。当一个企业既不存在规模经济，也不存在规模不经济，那么此时长期成本曲线的边际成本不变,称之为规模经济不变。在投入要素价格不变的情况下,当长期平均成本随着产出的增加而下降时,存在规模经济(图2-4(a));与此相反,长期平均成本曲线随着产出的增加向右上方递增,长期边际成本大于长期平均成本,即存在规模不经济(图2-4(b))(Eric,1982)。

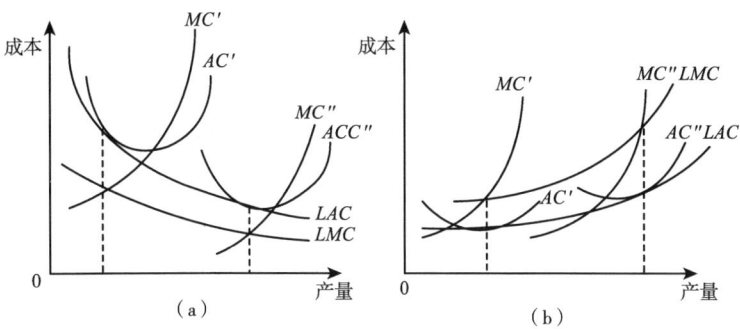

图2-4 规模经济与规模不经济

2.2 经济理论中的规模经济和规模报酬

2.2.1 规模经济和规模报酬的概念

规模经济和规模报酬是两个不一样的概念。规模经济(Economies of Scale)也被称作规模效益,通常大规模生产导致产生的经济效益简称为规模经济,是说单位成本随着产出的增加或者在成本即将要上升的那一行为点上而减少的一种现象。规模报酬（Returns to Scale）是指在其他条件不变时，企业内部各生产要素按相同比例同方向变化所导致的产量变化的情况。规模报酬分析的是企业生产规模变化与所引起产量变化之间的关系，且规模报酬主要用于研究企业长期生产理论问题。在进行经济分析的时候，通常使用齐次生产函数描述规模报酬的关系。如果投入的所有生产要素都变化了 λ 倍，而产量也同方向变化了 λn 倍，这类生产函数就成为齐次生产函数，如果 $n=1$，为线性齐次生产函数。如，$x_1, x_2, \cdots, x_n$ 全部同时增加为 $\lambda x_1, \lambda x_2, \cdots, \lambda x_n$，则产量 q 会增加为 $\lambda n q$，当 $\lambda > 1$，视为规模报酬递增；当 $\lambda = 1$，为规模报酬不变；当 $\lambda < 1$，为规模报酬递减。规模报酬的不同变化反映了产量增长率与各种要素投入增长率之间的变化。曼斯菲尔德（Mansfield，1988）用图形表示了在资本和劳动的投入要素按相同比例变化的条件下，规模报酬不变、递增和递减的情况。等产量曲线分别代表产出为 50，100 和 150，图 2-5 中（a）图表示了规模报酬不变，即 OD = DC = CB；（b）图表示规模报酬递增，OD > DC > CB；（c）图表示规模报酬递减，OD < DC < CB。

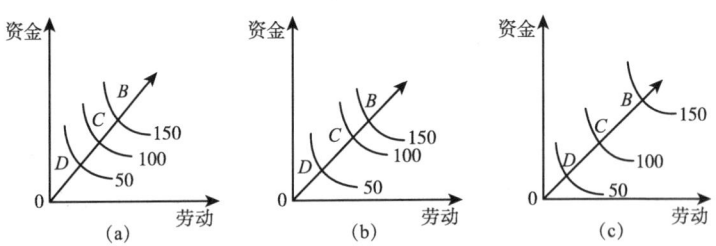

图 2-5 规模报酬不变、规模报酬递增和规模报酬递减

皮尔斯（Pearce, 1981）在《麦克米伦现代经济学词典》（The Macmillan Dictionary of Modern Economics）中对规模经济的定义为：由于产出的扩大，造成长期生产产品的平均成本的降低，也称为长期规模收益。对规模报酬的定义为：在所有投入变量变化一定比例时的产出变化的比例，如果投入要素增加为原来的2倍，产出也减少或增加为原来产出的2倍，即存在规模报酬不变、规模报酬递减和规模报酬递增。这里的投入要素是全部变化的，区分于仅有一种投入要素变化的情况。鲍莫尔和布林德（Baumol and Blinder, 2010）在《经济学：理论与政策》（Economic: Principles and Policy）一书对规模经济的定义为："通常的，当企业扩大其所有产出，产出的单位成本是不断下降的。但这也不是在所有产业中的普遍现象。自动化、装配线和精密仪器和设备都能帮助大型企业减少他们的成本。"可见，规模经济和规模报酬这两个概念是有差别的。

2.2.2 规模经济和规模报酬的关系

特鲁特·戴尔和特鲁特·莉拉（Truett & Truett, 1990）认为规模经济和规模报酬是交替使用的，他们认为除非生产函数规模收益递增，否则规模经济就不存在，也就是说生产函数必须在一定时段上或者区域内实现规模收益递增，或者递减，才能实现规模经济或者不经济。事实上，很多理论书籍，比如帕金（Parkin, 1993）在《经济学：第二版》（Economics: second edition），曼斯菲尔德（1983）在《微观经济学原理》（Pinciples of Microeconomics）都将规模经济和规模报酬联系起来。瓦斯拉克斯（Vassilakis，1987）指出，在单一产出条件下，如果技术表现的规模报酬递增是在产出的增长超过所有投入比例增长的情况下，就意味着平均成本曲线递减，实现了规模经济。然而，以上的结论只在某种情况下是正确的，以产出扩大时投入价格和技术条件不变为假设前提，通常在同一竞争行业中相对较小的公司，小公司的投入需求对市场总需求的关联较少满足上述情况。在另一种情况下，若公司的投入需求与市场总体需求关联较大，也会出现规模经济存在的同时伴随着规模报酬不变或者规模报酬递减的情况。比如，在规模报酬不变且同时成本逐渐降低的行业，假设投入价格分别为劳动和资本，产出随着给定比例的变化而变化，假如投入要素价格随着产出水平的增加呈现下降趋势，生产 n 个单位产出的平均成本就会小于生产一单位产出的平均成本，长期平均成本就会下降。规模经济通常会存在于平均成本下降的某一区域内，会在规模报酬不变的同时观察到规模经济的存在。同样，当生产出现规模报酬下降的同时，也会观察到规模经济的存在。以此类推，当投入价格上升或者产出增加的时候，规模不经济的现象也会在规模报酬不变或者规模报酬递增时观察到。利普西等（Lipsey et al.，1966）认为，假定投入价格因素不变，在企业生产规模扩大的过程中，长期平均成本逐渐下降的原因是产出增加的速度大于投入增加的速度。旺纳科特（Wonnacott，1982）提出了类似的观点："如果投入价格不变，规模经济意味着长期平均成本的下降。但是，一个公司推高投入价格，那么尽管规模经济存在，其平均成本也会上升。"上述关于规模经济和规模报酬的关系讨论如下（Gregory & Douglas，1996）：

生产函数用产出 q 和投入价格 x_i ($i=1,\cdots,n$) 的对数形式来表示。

$$\ln q = h(\ln x_1, \ln x_2, \cdots, \ln x_n) \qquad (2-5)$$

式（2-5）暗含了生产函数的生产水平为：

$$q = f(x_1, x_2, \cdots, x_n) = \exp[h(\ln x_1, \ln x_2, \cdots, \ln x_n)] \qquad (2-6)$$

定义 $\delta = dx_i/x_i$，i 为所有投入要素的共同变化比率，定义规模弹性为 $\sigma_s = (dq/q)/\delta$，式（2-6）全微分得：

$$\begin{aligned}dq/q &= h_1(\cdot)(dx_1/x_1) + h_2(\cdot)(dx_2/x_2) + \cdots \\ &\quad + h_n(\cdot)(dx_n/x_n)\end{aligned} \qquad (2-7)$$

$$\sigma_s = (dq/q)/\delta = h_1(\cdot) + h_2(\cdot) + \cdots + h_n(\cdot) \qquad (2-8)$$

此处，对所有 x_i，有 $h(\ln x_1, \ln x_2, \cdots, \ln x_n) = \partial h/\partial \ln x_i$。因此，对式（2-6）用对数形式更易探讨规模弹性。长期成本曲线是由给定产出水平下的最小成本推导出来的：

$$\underset{\{x_i\}}{Min} \sum_{i=1}^{n} r_i(x_i)x_i + \lambda[\ln q - h(\ln x_1, \ln x_2, \cdots, \ln x_n)] \qquad (2-9)$$

λ 为拉格朗日乘数，$r_i(x_i)$ 是投入 i 的价格，此价格可以决定投入使用量 x_i。如果在所有投入市场中，企业是完全竞争的，对所有 i，有 $\partial r_i/\partial x_i = 0$；如果企业在投入要素 i 市场上是完全垄断的，企业成本是不断增加的，那么 $\partial r_i/\partial x_i > 0$；而如果像科恩所说，也会出现成本在一些市场降低的情况，即 $\partial r_i/\partial x_i < 0$。

一阶条件（不同于约束条件）是：

$$r_j(\cdot) + x_j(\partial r_j/\partial x_j) = \lambda h_j(\cdot)x_j, \quad j=1,\cdots,n \qquad (2-10)$$

乘以 x_j，对所有 j 加总，就得出 λ 的值：

$$\lambda = \left[TC + \sum_{i=1}^{n} x_i^2(\partial r_i/\partial x_i)\right]/\sigma_s \qquad (2-11)$$

TC 是总成本，$TC = \sum_j x_j r_j(\cdot)$，$\sigma_s = \sum_j h_j(\cdot)$。

接下来考虑平均成本曲线，平均成本曲线上升、下降或者平缓取决于平均成本相对于 q 的弹性是积极的、消极的或者为零。这个弹性为：

$$\sigma_{AC,q} = \sigma_{(TC/q,q)} = \sigma_{TC,q} - 1 = [(dTC/dq)(q/TC) - 1]$$
$$= (dTC/d\ln q)(d\ln q/dq)(q/TC) - 1$$
$$= [(dTC/d\ln q)TC] - 1 \qquad (2-12)$$

在成本曲线上的最优的一点，要求拉格朗日乘数 $\lambda = dTC/d\ln q$。因此，式（2-12）可以写成：

$$\sigma_{AC,q} = (\lambda/TC) - 1 \qquad (2-13)$$

最后，再把式（2-13）的 λ 代入式（2-12），得：

$$\sigma_{AC,q} = [(1-\sigma_s)/\sigma_s] + \left[\sum_{i=1}^n x_i^2 (\partial r_i/\partial x_i)\right] / (\sigma_s \cdot TC)$$
$$(2-14)$$

在所有投入市场均为完全竞争的情况下（企业在投入市场中是价格的承受者，无权改变价格），那么 $(\partial r_i/\partial x_i) = 0$，式（2-14）简化为：

$$\sigma_{AC,q} = [(1-\sigma_s)/\sigma_s] \qquad (2-15)$$

因此，当 $\sigma_{AC,q} < 0$，> 0，或者 $= 0$ 时，即存在规模经济、规模不经济或者规模经济不变，规模报酬也相应为递增、递减和不变的（$\sigma_s > 1$，< 1，或者 $= 1$）。

但是，如果有一个或者多个投入要素市场存在 $\partial r_i/\partial x_i > 0$，不存在 $\partial r_i/\partial x_i < 0$ 的情况，那么 $\sigma_{AC,q} > [(1-\sigma_s)/\sigma_s]$，就可能会出现在规模报酬增加或者不变的情况下，存在规模不经济。其原因是投入价格的上升是规模不经济的市场化的来源。

与其相反,若市场有力,不受价格上升的影响,则 $\sigma_{AC,q} <[(1-\sigma_s)/\sigma_s]$,也就是说在规模报酬降低或者不变的情况下,会出现规模经济的现象。由上述分析可知,规模经济和规模报酬之间有联系也有区别,规模经济来源于规模报酬,但是在不同的投入要素市场环境下,规模经济不能等同于规模报酬,反之亦然。贝尔(Bell,1988)也澄清了企业规模报酬下降,并不等于同时伴随着规模不经济的现象。

2.3
规模经济的基本计量方法

本节对常用规模经济的基本计量方法进行总结和评述,结合实际情况分析了各种方法使用的优势和劣势,为进一步选取超越对数成本函数作为本书的研究方法,提供了理论上的依据和佐证。

2.3.1 生产函数法

生产函数是指在技术水平不变的情况下的某一时期内,给定数量的各种投入要素与所能生产的最大产量之间的关系。换句话说,也就是研究在一定技术条件下,投入与产出之间的关系。经济学上的生产含义十分广泛,不仅意味着制造一种产品或几种可用生产材料等,还包含各式各样的经济活动,这些活动涉及个体或者经济实体提供产品或者是服务,简单地说,任何创造价值的活动都是生产。①

西方经济学中的生产要素一般被划分为土地、劳动、资本和企业家才能这四种类型，土地不仅指土地资源，还包括森林、江河湖泊和矿产等一切地上和地下的可用资源；劳动是人们在生产过程中提供的脑力劳动和体力劳动的总和；资本可以表现为实物形态或者货币形态；企业家才能是指企业家组织建立和经营管理的才能。生产函数不仅反映了在既定生产技术条件下投入与产出之间的关系，如果技术条件变化的话，则会产生新的生产函数，而且它反映的是某一种特定要素投入组合在现有的技术条件下能够且只能够产生的最大产出。在运用生产函数处理实际的经济问题时，它不仅表示投入与产出之间的对应函数关系，也体现了对生产技术的制约关系。假如在计算企业的最小成本问题时，就要考虑技术的制约，而这个制约正是由生产函数给出的。

假定生产某种产品有 n 种生产要素，X_1，X_2，…，X_n 分别表示某种产品生产过程中使用的 n 种生产要素量，Q 表示最大产量。生产函数可以写为：$Q = f(X_1, X_2, …, X_n)$，意义为在一定的技术水平条件下，每一时期的生产要素组合（X_1，X_2，…，X_n）所能生产的最大产出产量为 Q，经济学中最简单的生产要素组合一般为劳动（L）和资本（K）。常见的生产函数有：

(1) 线性生产函数：只考虑劳动和资本两个生产要素，即：

---

① 生产函数. MBA 智库百科，[EB/OL] http://wiki.mbalib.com/wiki/%E7%94%9F%E4%BA%A7%E5%87%BD%E6%95%B0 [2011-11-12]。

$$Q = a_0 + aL + bK \tag{2-16}$$

其中 Q 为产出，K、L 分别为劳动和资本；

（2）固定投入比例生产函数；

（3）柯布-道格拉斯生产函数；

（4）固定替代弹性生产函数；

（5）超越对数生产函数。

2.3.2 固定投入比例生产函数

固定投入比例生产函数的意思是任何一对要素的投入量之间的比例在每一个产量水平上都是固定的生产函数，也称为里昂惕夫生产函数，其一般形式为：

$$Q = Min(L/U, K/V) \tag{2-17}$$

其中 Q 表示产量，L 和 K 分别表示劳动和资本的投入量，U、V 分别为固定劳动生产技术系数和资本生产技术系数，表示在生产一单位产品的前提下，所需的固定劳动投入量和资本劳动投入量。此函数的意义是：产量 Q 取决于 L/U 和 K/V 这两个值中相对较小的那个，即使其中的一个比例数值较大，也不会提高产量，这里的生产被假定为必须按照 L 和 K 之间的固定比例，当一种生产要素的数量不能变动时，另一种生产要素的数量再多也不能增加最终的产量。

如图 2-6 所示，横轴和纵轴分别表示劳动和资本的投入数量，以 A，A_1 和 A_2 为顶点的三条含有直角 90 度的实线，依次表示生产既定产量 Q_1，Q_2 和 Q_3 的两种要素组合。当生产 Q_1 的产量时，A 的要素组合（K_1，L_1）是生产产量 Q_1 的最小要素投入组合,以 A 为顶点的两条直角边上任何一点(不含 A 点),都不是生产 Q_1 产量的最小投入要素组合,例如,B 点表示资本投入量过多,C 点表示劳动投入量过多,如果产量由 Q_1 增加为 Q_2,或者减少为 Q_3,则最小要素投入组合也会相应地由 A 点移动到 A_1 点或者由 A 点移动到 A_2 点。此时,两种投入量以相同的比例增加或者减少,两要素的投入比例保持不变。即:

$$K_1/L_1 = K_2/L_2 = K_3/L_3 = V/U \qquad (2-18)$$

因此,从原点出发经过 A_2,A 和 A_1 点的射线 OR 表示了固定比例生产函数(里昂惕夫生产函数)的所有产量水平的最小要素投入量的组合。

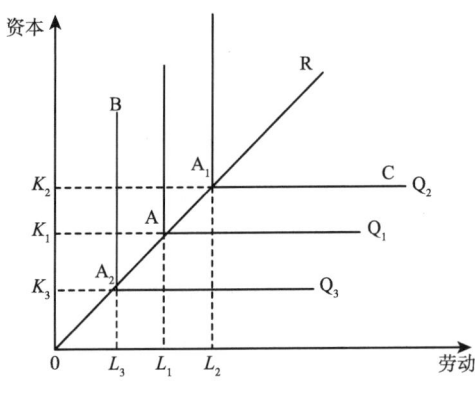

图 2-6 固定投入比例生产函数

2.3.3 柯布-道格拉斯生产函数

由美国数学家柯布(Cobb)和经济学家保罗·道格拉斯(Panlh Douglas)最早提出,并命名为柯布-道格拉斯(Cobb-

Douglas)生产函数。该函数是在他们共同研究投入和产出的关系时创造的生产函数,对一般形式上的生产函数进行了改进,考虑了技术资源这一因素,用来预测国家或地区产业系统或大企业的生产和分析发展途径的一种经济数学模型,在经济学领域中应用广泛。其形式如下:

$$Q_i = \alpha L_i^{b_1} K_i^{b_2} \quad (i=1,2,\cdots,n) \tag{2-19}$$

其中 Q_i,L_i 和 K_i 分别表示企业在某一时刻 i 的产量、劳动投入量和资本投入量。生产函数模型具有下列性质:

(1)b_1 是产出对劳动投入的弹性,它表示在资本投入保持不变的情况下,劳动投入变化 1% 时,产出的百分比变化;

(2)b_2 是产出对资本投入的弹性,它表示在劳动投入保持不变的情况下,资本投入变化 1% 时,产出的百分比变化;

(3)$b_1 + b_2$ 的大小是产出对投入比例变化的反映,当 L 与 K 增加 λ 倍时,生产函数为:

$$\alpha(\lambda L)^{b_1}(\lambda K)^{b_2} = \lambda^{b_1+b_2} \alpha L^{b_1} K^{b_2} \tag{2-20}$$

当 $b_1 + b_2 > 1$ 时,规模报酬递增,即增加 1% 的投入将带来多于 1% 的产出。

当 $b_1 + b_2 = 1$ 时,规模报酬不变,不管增加多少投入,带来的产出增加比例与投入增加的比例相同。

当 $b_1 + b_2 < 1$ 时,规模报酬递减,即增加 1% 的投入将带来少于 1% 的产出。

参数 α 可以看做是效率参数,因为 α 的大小在 L 与 K 的固定条件下直接影响产出水平。

模型(2-20)没有引入随机误差项的部分,引入两种不同的随机误差模型的统计表达式为:

$$Q_i = \alpha L_i^{b_1} K_i^{b_2} e^{\varepsilon_i} \qquad (2-21)$$

$$Q_i = \alpha L_i^{b_1} K_i^{b_2} + u_i \qquad (2-22)$$

式（2-21）和式（2-22）分别成为积性随机误差模型和加法随机误差模型。对上式两边取对数，则：

$$\ln Q_i = \ln\alpha + b_1 \ln L_i + b_2 \ln K_i + \varepsilon_i \qquad (2-23)$$

$$\ln Q_i = \ln(\alpha L_i^{b_1} K_i^{b_2} + u_i) \qquad (2-24)$$

像式（2-23）这样可以通过对数变换转换为线性回归模型形式的模型，称为对数线性回归模型。像式（2-24）这样的模型本质上的对数参数为非线性的，所以没有取对数的简单方法可以使这种模型转化为线性的，因此称之为非线性模型。对式（2-23）和式（2-24），为了使用经典正态线性回归理论，假定：

$$\varepsilon_i \sim N(0,\sigma^2) \text{ 或 } u_i \sim N(0,\sigma^2) \qquad (2-25)$$

若 $\varepsilon_i \sim N(0,\sigma^2)$ 服从正态分布，则 e^{ε_i} 服从均值为 $\exp(\sigma^2/2)$，方差为 $e^{\sigma^2}(e^{\sigma^2}-1)$ 的对数正态分布。

自 20 世纪 20 年代末首次将柯布-道格拉斯运用到生产函数中后，许多经济学家也相继进行了诸多这方面的研究，研究涉及对整个经济、不同地区经济的主要生产部门的生产函数的研究。我国许多学者也运用柯布-道格拉斯生产函数在经济各个行业和部门进行了有益的探索。孙恒志（1985）根据近二十年上海工业的统计资料建立模型时，发现柯布-道格拉斯函数的 K 和 L 存在强烈的共线性，样本数据近似于一段曲线而不是一个曲面，逐步回归的结果得到的是一个单变量模型。杨峰挺等（1987）认为，从 1982 年起，对安康地区 10 个县的 500 户农户进行了三年的农村定点调查，针对全区 1985 年 500

个农户的生产情况进行了经济效果分析。唐小我等（2005）进一步深入研究了多种生产要素的柯布-道格拉斯生产函数条件下的长期成本函数，并对长期成本函数的重要参数给出新的解释，得出了企业最大长期成本出现的充要条件是各种生产要素的等量投入。陈小磊和郑建明（2009）基于国内对信息产业的界定，以1985~2006年我国信息产业细分要素投入、产出和国内生产总值等数据为计算基础，进行多元线性回归，论证了信息产业对国民经济增长的贡献率。近年来，也有一些学者对柯布-道格拉斯成本函数的应用提出一些争论，哈佛大学的布勒·安特拉斯（Pol Antràs，2004）运用美国私营部门的1948~1998年的数据，对劳动和资本的替代弹性进行估计，结论是替代弹性不显著，因而得出结论是柯布-道格拉斯生产函数还不能很好地描述美国经济。艾亚尔和达尔加德（Aiyar & Dalgaard，2009）指出，虽然很多文献的发展基础都是基于柯布-道格拉斯生产函数的，然而，在现实生活中劳动和资本的替代弹性都是明显偏于1的，那么柯布-道格拉斯的假设前提就是无效的，通过生产要素计算差别劳动生产率的观点就值得怀疑。这也说明，在某些情况下，柯布-道格拉斯生产函数还不能完美地测算国民生产部门的规模经济。

2.3.4 固定替代弹性生产函数

属于固定替代弹性的生产函数有两个特征：
（1）它是一次齐次函数；
（2）它具有固定的替代弹性。

缺少其中一个特征,或者缺少两个特征都不属于固定替代弹性类型。固定替代弹性类型的生产函数表示形式如下:

$$q = A[\alpha x_1^{-\rho} + (1-\alpha) x_2^{-\rho}]^{-1/\rho} \tag{2-26}$$

其中,参数 $A > 0$,$0 < \alpha < 1$,$\rho > -1$。容易证明式(2-26)是一次齐次的:

$$A[\alpha(tx_1)^{-\rho} + (1-\alpha)(tx_2)^{-\rho}]^{-1/\rho}$$
$$= tA[\alpha x_1^{-\rho} + (1-\alpha) x_2^{-\rho}]^{-1/\rho} \tag{2-27}$$

投入品的边际产量分别为:

$$\frac{\partial q}{\partial x_1} = \frac{\alpha}{A^\rho}\left(\frac{q}{x_1}\right)^{\rho+1}; \quad \frac{\partial q}{\partial x_2} = \frac{1-\alpha}{A^\rho}\left(\frac{q}{x_2}\right)^{\rho+1} \tag{2-28}$$

在 x_1,$x_2 > 0$ 的定义域内,它们都是正的。技术替代率(RTS)是:

$$RTS = \frac{\alpha}{1-\alpha}\left(\frac{x_2}{x_1}\right)^{\rho+1} \tag{2-29}$$

当 $\rho > -1$ 时,技术替代率递减,等产量线是凸的。这说明,固定替代弹性生产函数在 x_1,$x_2 > 0$ 的定义域内是正的,且严格拟凹的。

一次齐次生产函数的替代弹性为:

$$\sigma = \frac{d\left(\frac{x_2}{x_1}\right)}{\frac{x_2}{x_1}} \bigg/ \frac{dRTS}{RTS} = \frac{d\left(\frac{x_2}{x_1}\right)}{\frac{x_2}{x_1}} \bigg/ \frac{d\frac{\alpha}{1-\alpha}\left(\frac{x_2}{x_1}\right)^{\rho+1}}{\frac{\alpha}{1-\alpha}\left(\frac{x_2}{x_1}\right)^{\rho+1}}$$

$$= \frac{d\left(\frac{x_2}{x_1}\right)}{d\frac{\alpha}{1-\alpha}\left(\frac{x_2}{x_1}\right)^{\rho+1}} \bigg/ \frac{\frac{x_2}{x_1}}{\frac{\alpha}{1-\alpha}\left(\frac{x_2}{x_1}\right)^{\rho+1}} = \frac{1}{1+\rho} \tag{2-30}$$

或:

$$\rho = \frac{1-\sigma}{\sigma} \qquad (2-31)$$

因此,参数 ρ 与固定替代弹性是密切联系的,不等式 $\rho > -1$ 等价于 $\sigma > 0$。

由固定替代弹性函数产生的凸等量线的特定形状取决于 σ 的值。等产量线可能的形状,也可以由两种极端情况和三种中间情况来说明。

第一种情况是 $\sigma \to 0$,$\rho \to \infty$,技术替代率式(2-31)在 $x_1 > x_2$ 时趋于零;在 $x_1 < x_2$ 时趋于无穷大;在极端的情况中替代是不可能的,等产量线的曲率趋向于一个直角,固定替代函数变为里昂惕夫生产函数。

第二种情况是 $0 < \sigma < 1$,$\rho > 0$,式(2-31)的等产量线可以写作:

$$\alpha x_1^{-\rho} + (1-\alpha) x_2^{-\rho} = (q/A)^{-\rho} = K \qquad (2-32)$$

其中,K 是由选定的 q 的任何正值决定的正常数,式(2-32)左边的各项都不是负值。因此,各项数值都不会超过 K。所以,等产量既不与两数轴相交,也不趋于两数轴。

第三种情况是 $\sigma = 0$,$\rho = 0$,当 $\sigma = 1$ 时,固定替代弹性生产函数变为柯布-道格拉斯生产函数。

第四种情况是 $\sigma > 1$,$-1 < \rho < 0$,此时,式(2-31)左边各项指数都为正,等产量线与两数轴相交。

第五种情况是 $\sigma \to +\infty$,$\rho \to -1$,此时,式(2-31)左边两项指数都为 1,等产量线就变为线性的,在这种情况下,投入品是完全可以替代的。

固定替代函数和固定替代弹性生产函数的先决条件是任意

一对投入要素均具有固定的替代弹性,这不符合本书研究的现实情况。因此,本书不采取上述两种函数进行计量研究。

关于对超越对数成本函数的说明主要在第 4 章进行详细的解释。

2.3.5 成本函数法

成本函数法又可以分为统计成本分析法和工程成本分析法。

2.3.5.1 统计成本分析法

统计成本分析法更广泛用于工厂规模的研究中,主要通过运用大量的统计数据和经济计量学的方法来确定工厂的长期成本曲线,这个成本数据不仅可以是相同时间段的多个厂商的截面数据,而且也可以是同一厂商不同时间段的序列数据,具体估计出规模与成本的关系后,就可以确定最优的规模范围。常用的估计函数表达式如下:

$$C = aX^b \tag{2-33}$$

其中,C 为成本,X 为能力,a 为常数,b 为估计规模系数。

成本分析法的优势在于:有大量丰富的数据可以作为实证研究的基础,分析具有一定的可信度,估计起来相对比较简单。但是在搜集数据的过程中,有以下几个缺点:

(1) 分析建立在大量的资料分析的基础上,而事实在收集资料上有一定的难度;

(2) 成本法从成本的角度分析问题,因而忽略了规模经

济的其他影响因素;

(3) 成本资料也是对过去生产经营费用的一些描述,数据具有时滞性,不能代表目前的现实情况。

①短期成本法。

短期成本法是指通过调整企业原材料和劳动力等投入要素的投入量,保持固定资产投入量在现有的企业扩张前的短期内不变,探讨与其各产出量相对应的成本变化情况。短期成本法以盈亏平衡法为基础,短期成本一般划分为固定成本和可变成本。

短期成本法是一种静态分析方法,只适用于短期经济活动分析,所以适用效果较差。

②最小总费用法。

最小总费用法是分析和制定企业在不同年产出产量方案下的总费用,通过对各种不同方案的总费用花费大小进行分析比较,认为其中费用较小的方案作为最佳方案,该经济规模就是企业存在最佳经济规模。表达式如下:

$$F(Q) = C(Q) + S(Q) + I(Q) \cdot E(d) \quad (2-34)$$

$F(Q)$、$C(Q)$、$S(Q)$、$I(Q)$ 分别为年产量为 Q 时的费用、产量为 Q 时的生产成本、当全部产品运到消费者手中所花费的费用和为企业发展所需投资费用,$E(d)$ 为投资效果系数。

③最小费用函数法。

最小费用函数法是指在企业遭受内部和外部共同影响因素的作用下,以及存在的一些制约客观条件下产生的。数学表达式如下:

$$F(Q) = V(Q) + D(Q) + G(Q) \qquad (2-35)$$

其中，$F(Q)$、$V(Q)$、$D(Q)$ 分别为单位产品费用总函数、企业单位产品内部费用函数和企业单位产品的外部费用函数，$G(Q)$ 是单位产品企业内部与外部相关费用函数。对以上等式求解的 Q 就是企业获得最佳经济效益时所对应的经济规模，在 $F(Q)$ 函数方程的参数量已知的情况下，取最优解有两种方法：一是无费用函数约束条件时，令 $F'(Q)=0$，求出企业最佳规模 Q 值；二是当存在总费用函数约束条件时，用非线性规划法求其一定条件下的极小值。

最小费用法和最小费用函数法客观上获取稳定、准确的数据是很困难的，在实际中由于费用较多，受很多因素的影响，获得不易，而且建立准确的费用函数也是同样困难的。因此，这种定量方法通常只是一种参考方法，要把实际问题和多种影响因素结合考虑才可能使确定的经济规模精准。

④成本函数法。

成本函数法是指在企业产出一定的条件下优化配置投入要素，实现生产成本最小化，表达式为：

$$MinC(Q) = P_K Q_K + P_L Q_L \qquad (2-36)$$

其中，$C(Q)$ 为成本函数，K 为资金，L 为劳动力，P_K 和 P_L 表示资本价格和劳动力价格，Q_K 和 Q_L 表示资本量和劳动投入量。在通过构建成本函数获得的不同产出水平上，找到成本函数 $C(Q)$ 的极小点，通过连接这些极小点获取长期成本曲线。选取适当的成本函数和数据描绘曲线拟合，得到生产函数表达式，这个表达式就是反映企业产出与成本之间函数关系的长期成本函数。

固定要素价格下成本函数的度量，要求给定产出生产水平的最小成本（包括厂商可能获得的技术选择信息）是描述企业或厂商经济行为可行性的主要方式。函数形式也有很多种，如早期的柯布－道格拉斯类型成本函数，之后改进了成本函数的选取和规模经济的计算方法，采用了替代成本函数、超越对数成本函数和广义超越对数成本函数等多种模式，本书将在以后的章节中讨论超越对数成本函数和广义超越对数成本函数。

成本函数法利用数学模型描述厂商的多项经济活动及它们之间的内外部影响关系和内在联系，从数学角度看经济问题是科学的、有价值的。数学模型也常用于复杂的企业生产经营活动，能够较准确描述企业的生产经营过程。这种方法也为企业决策者提供一种定量分析研究方法，具有一定的参考价值。

2.3.5.2 工程成本分析法

工程成本分析法是从技术角度估计成本和规模之间的关系，也是一种直接的衡量方法。一般的负责计划和设计工厂的工程师，知晓专门的业务的工程师和高级经理都可以估计成本规模关系，这些人员已经积累了很多关于设备和工厂设计的成本信息，以及投资经营活动的成本信息。工程法从平衡企业生产能力的角度出发，是估计长期成本函数时与最小二乘法不同的一种统计分析方法，这种方法是由钱纳里引入的（刘宗华，2004：35）。

采用工程法进行规模经济的研究估计是建立在技术基础上的，所以对机器、加工单位和操作单位规模经济的研究是建立在专家、工程师和经理对成本进行的估计的基础上。其主要缺点是由于专家的背景不同,意见就会出现差别较大,使估计结果难以收敛。此外,当厂商较少时,工程成本分析法的有效性难以保证。但是,对于像石油提炼或者炼钢这样的一些行业的不同规模工厂成本的估计,要求具备专业的技术知识,并保证所考察的不同规模工厂代表了一定技术状态下每一规模可达到的最佳状态。因此,在采用工程法时,依靠技术专家和专家的知识是非常必要的。

工程成本法是在优化资源配置的前提下确定的企业规模,依据企业管理层、企业技术人员、企业经理人和企业技工的素质,以及企业基础设备的适用状况。这个规模可以反映某一阶段企业的现状,但是未必可以反映出企业的最佳经济规模效益,不一定是企业的最佳规模经济点。因此,要获得较为准确的规模经济,必须结合数学成本计量法,最终确定一个合理的企业经济规模,实现企业的规模经济。

2.3.6 适存检验法

适存检验法首先由迈尔提出,并被斯蒂格勒发展和推广。迈尔指出无论是否可以通过检验,把常见于自由竞争中大规模经营的明显优势和常见于小厂的较小收益和亏损确定下来,只要在同样行业中存在大的或者小的厂商,那么在现有条件下,能以更大优势进行生产的工厂就能以低于其他工厂的价格出售产品。斯蒂格勒运用适存检验法的一个基本假设是:不同规模厂商的竞争会自然筛选出效率较高的企业,不同规模公司的竞争将产生更有效的企业(刘明,2007:18)。

2.3.6.1 适存检验的原则和测定方法

适存检验的运用是假设最优效率的厂商是在市场中表现最好的和最易生存的。斯蒂格勒在 1998 年提出两个判定原则：一是假如某一厂商的行业产业份额在判定时期内是下降的，认为这类厂商的竞争力和效率相对较低，是比例下降较快的厂商，其生产成本相对于最有效率的厂商生产成本显得更高；二是若行业份额在一定时期内提高或者维持固定，则称该种规模为最适规模，说明这种类型的厂商效率较高，平均成本低，也就是说此厂商占有一个上升的市场配额（刘明，2007：18）。适存检验原则就是这样来决定最优公司规模的，如果某类规模的产出份额下降，那么，相对其他规模它是无效的，并且在一般情况下，规模越是无效，份额下降越快。

适存检验的测量方法是按规模对行业内的厂商进行大小分组，然后在一定时期内对每一类型规模的厂商所占行业产量的份额进行计算。斯蒂格勒运用适存检验法对美国钢铁业进行了分析，指出中等规模的规模产业，即生产能力比重在 2.5% ~ 25% 的规模产业，比重上升或不变，说明这是最佳的规模范围。他还分析了汽车业的规模经济，指出在国家或企业能对自己的产品价格进行控制的通货膨胀时期，大规模至少是最大规模的厂商是规模不经济的，而在其他时期，这种大规模存在规模经济。斯蒂格勒还用适存检验法检验了许多公司规模决定因素的假设。他指出，广告费没有导致公司规模增大的趋势。另一个试验表明，固定资本销售额比率也与公司规模没关系。厂商规模被证明为一个重要变量，并应采取淘汰原则来决定制约工厂规模发展的因素,其中一个非常重要的变量就是工程师和技术人员与全体雇佣人员的比率。进一步的工作是必须把技术人员按照从事研究和从事日常生产的人员区分开来,最优规模的决定是研究人员可以考察他认为的及资料显示的任何可能的决定因素。

2.3.6.2 适存检验法的优点和局限性

适存检验法的优点包括:避开了许多统计繁杂的数据和会计方面衡量的困难,计算直接简便。一方面避开了资源估价问题和技术研究的臆测性;另一方面适存检验法是站在企业经营的角度看到规模经济的变化,并且解释了大规模和小规模企业共存的合理性,更符合实际情况(施蔚,2007)。该方法对很多行业的规模经济得出有价值的研究结论。例如,斯蒂格勒采用该方法对美国48个行业规模经济进行研究,很多学者都仿效这种方法进行经验研究。

适存检验法的局限性:背离了规模成本的分析模式,计算结果的力证不足。适存检验法在应用上相当简便,但是因为这种概念背离了规模成本分析的模式,没有使用实际的成本数据,无法评估出具有不同规模和效率的厂商之间的成本差别大小,且同成本法一样都是对过去的数据进行分析,所以也招致了很多反对者。萨温(Saving)利用1947~1954年的统计资料对美国共83个产业的工厂最低规模经济进行了估计,认为该方法只是用于估计工厂,不能用于估计厂商之间的最适规模(刘宗华,2004:36)。韦斯(Weiss)指出,存在效率较低及规模不经济的状况是由于资源使用无效,亦或是战略和政治等不利地位所引起的。因此，适存检验法计算出的最适规模，仅仅意味着"竞争最优效率"，他甚至认为该法所求得的最适规模区间没有太大意义，因为厂商的最适规模是由于社会效率造成的，而不是企业面对的环境，尽管适存检验法被运用于多项研究中，但也存在一定的局限性（刘明，2007：21）。

2.3.7 综合评价法

综合评价法的中心思想是将多个指标转化为能够反映综合情况的一个指标进行评价，简称综合评价法。比如评价社会发展水平、企业效益评价等。综合评价的要素包括评价者、被评价对象、评价的指标、权重系数和评价模型，它们的作用如表2-1所示。

表2-1　　　　　综合评价法的要素及其作用

评价要素	性质及范围
评价者	可以是某个人或者团体，与评价指标、评价模型的选择和建立密不可分
被评价对象	评价领域涉及各行各业的经济统计评价，并拓展到技术水平、生活质量、社会发展、环境问题、竞争力、绩效考评等方面
评价指标	反映特定评价课题数量的规模与数量水平
权重系数	体现了评价指标的相对重要性
评价模型	通过数学模型将多个评价指标"合为"一个整体性的综合评价值

2.3.7.1 综合评价法的特点和步骤

综合评价法的特点表现为以下三点：

（1）评价的过程是通过一些特殊方法将多个指标的评价一次完成，不采用逐个指标分别评价；

（2）在评价过程中需要根据指标的重要性进行加权处理；

（3）评价的结果是以指数或分数表述参评对象的综合情况排序，不再是具有具体含义的统计指标。

综合评价法使用综合指标衡量评价对象的规模经济效益，该方法的步骤是：

（1）先构建能总体反映评价对象规模经济效应的指标体系；

（2）根据各个指标对评价对象的经济效应的影响程度，确定指标体系中的各个权重；

（3）评价对象综合经济效应好坏的依据是将多个指标归纳为一个综合性指标，该指标能反映评价对象的经济效应；

（4）寻找综合经济效应和规模之间的关系，据此确定评价对象的最佳经济规模。

此法的科学性取决于评价指标体系的设置是否科学合理，以及权数的确定和综合评价模型的选择是否合理。

2.3.7.2 综合评价法的种类

（1）主成分分析法。

主成分分析法，也为主分量分析法（Principal Components Analysis）。在将多指标转化成少数几个综合指标的过程中利用降维的思想，将分量相关的原随机向量通过正交变换，转换成一个新的与其分量不相关的随机向量，数据被变换到一个新的坐标系统内，使任何数据投影的第一大方差和在第二大方差分别落在第一个坐标和第二个坐标上,以此类推。该法经常用减少数据集的维数,同时保持数据集对方差贡献最大的特征。主成分分析法的运算步骤如下:

第一步,原始指标数据标准化通过采集 p 维随机向量 $x = (x_1, x_2, \cdots, x_p)^T$ n 个样品 $x_i = (x_{i1}, x_{i2}, \cdots, x_{ip})^T$,$i = 1, 2, \cdots, n$,$n > p$,构造样本矩阵,形成如下变化:

$$Z_{ij} = \frac{x_{ij} - \overline{x}_j}{s_j} \quad (2-37)$$

其中,

$$x_{ij} = \frac{\sum_{i=1}^{n} x_{ij}}{n}, \quad s_j^2 = \frac{\sum_{i=1}^{n}(x_{ij} - \overline{x}_j)}{n-1} \quad (2-38)$$

得标准化阵 Z。

第二步,对 Z 求相关系数矩阵:

$$R = [r_{ij}]_p xp = \frac{Z^T Z}{n-1} \quad (2-39)$$

其中,$R_{ij} = \frac{\sum z_{kj} z_{kj}}{n-1}$,$i, j = 1, 2, \cdots, p$。

第三步,解样本相关矩阵 R 的特征方程 $|R - \lambda I_p| = 0$,得到 p 个特征根,并确定其主成分为:

$$\frac{\sum_{j=1}^{m} \lambda_j}{\sum_{j=1}^{p} \lambda_j} \geqslant 0.85 \quad (2-40)$$

为使信息的使用率达到85%以上,由式(2-40)确定 m 值,并对每个 λ_j,$j = 1, 2, \cdots, m$,解方程组 $R_b = \lambda_j b$ 得单位特征向量 b_j^0。

第四步,将标准化的指标向量转换为主成分:
$$U_{ij} = Z_i^T b_j^0, \ j = 1, 2, \cdots, m \qquad (2-41)$$
U_1 为第一主成分,U_2 为第二主成分,……,U_p 为第 p 主成分。

第五步,通过对 m 个主成分进行加权求和获得最终评价值,每个主成分的方差贡献率为权数。

(2) 数据包络分析法。

数据包络分析(Data Envelopment Analysisi,DEA)最初由法雷尔(Farrel,1957)提出,是涉及运筹学、管理学和数理经济学研究的一个新领域。运筹学家查恩斯等人(Charnes et al.,1978)首先提出 CCR 模型的数据包络分析的方法,评价部门间的相对有效性,该模型以相对效率概念为测算基础,是用来评价具有多种投入—产出的组织和生产决策单位(DMU)的一种相对有效性方法。班克等人(Banker et al.,1984)设计出 BCC 的模型,查恩斯等人(1985)提出 CCGSS 模型,这两个模型主要是用来研究生产部门间的技术有效性问题。查恩斯等(1986)利用查恩斯等(1962)提出的半无限规划理论,进一步估计了"有效生产前沿面"具有无穷多个决策单元的情况,创建了新的数据包络模型——CCW 模型。查恩斯等人(1987)又得到了 CCWH 模型,被称为锥比率的数据包络模型,这一模型体现了决策者偏好,可处理具有过多输入及输出的情况。

DEA 可以计算给定样本中多个决策单元 DMU 的相对效率值,其方法是将样本中每个组织的投入、产出进行加权平均后再与样本组中的最佳企业相比,从而得出样本中哪些组织是有效的，哪些组织是无效的。DEA 能够由投入和产出的评价过程来确定生产前沿，确定各个 DMU 的有效性，如果无效可以指出无效的原因。DEA 方法的评价指标体系具有综合性和可比性，而且可以随行业的不同而进行调整。因此，在用于衡量生产决策单位的规模有效性上，应用更为普遍和广泛，理论也更加成熟。

DEA 方法的主要优势：

①无须建立投入—产出之间的前沿生产函数，可通过将技术效率与最佳组织相比较，便于处理多种投入和产出的情况，寻找被比较的机构在哪些投入和产出上存在差距，为找寻改进方法提供了便利。

②DEA 通过建立评价体系，各个决策单位直接与最佳组织对比，确定规模无限组织的改进方向，对公司经营状况实行跟踪，随时为决策服务。

③DEA 方法具有较强的操作性和可依性，在确定投入产出指标时，研究者可以通过实地调查，或者向行业专家咨询，使界定的投入产出指标更大程度地反映出所研究问题的方方面面，不可借助主观评判和其他方法确定指标的权重，所以避免了主观性。

④DEA 方法可以直接采用数据进行计算，而不像别的统计模型那样，需要重新定义指标体系，使评价方法更简单更易操作。

DEA 方法的不足（刘明，2007：59）：

①非参数的方法没有考虑数据问题或者其他计量问题引起的随机误差；

②结果是否显著不容易检验;

③对效率值的估计偏低,但离散程度较大。

DEA模型的计算避开了计算机每项服务的标准成本,且DEA法可以把多种投入和多种产出转化为效率比率的分子和分母,不需要转换成一样的货币单位。因此,用DEA方法可以清晰地说明投入和产出的组合情况。

1957年经济学家法雷尔提出了单输入、单输出DMU的有效测度方法。但是,在实际应用中,通常会碰到多输入和多输出的方法,查恩斯(1978)等提出了C^2R模型。假设DEA模型有n个决策单元,每个决策单元DMU_j都有m种类型的输入,以及s种类型的输出。用x_{ij}、y_{rj}分别表示第j个决策单元对第i个类型输入的投入量、第j个部门对r种类型输出的输出总量,v_i、u_r分别表示对第i种输入的度量和对第r种输出的度量,令$x_{ij}>0$,$y_{ij}>0$,$v_i>0$,$u_i>0$($i=1,2,\cdots,m$;$r=1,2,\cdots,n$)。

每个决策单元都有相应的效率评价指数,权系数$v=(v_1,v_2,\cdots,v_m)^T$,权系数$u=(u_1,u_2,\cdots,u_s)^T$:

$$h_j = \sum_{r=1}^{s} u_r y_{rj} \Big/ \sum_{i=1}^{m} v_i x_{ij} \qquad (2-42)$$

选取适当的权数系数v及权系数u,使它们满足$h_j \leq 1$。

令决策单元的效率指数$h_j \leq 1$为约束条件,对第j_0个决策单元进行效率评价($1 \leq j_0 h_j \leq n$),以权系数v、u为变量,定义第j个决策单元效率指数为目标。

通过式(2-43)可以看出,模型评价决策单元j_0是否有效,是相对于其他决策单元而言的。最优模型的形式如下:

$$(CR^2)\begin{cases} Max h_j = \sum_{r=1}^{s} u_r y_{rj0} / \sum_{i=1}^{m} v_i x_{ij0} \\ s.t. \sum_{r=1}^{s} u_r y_{rj0} / \sum_{i=1}^{m} v_i x_{ij0} \leq 1 \\ v = (v_1, v_2, \cdots, v_m)^T \geq 0 \\ u = (u_1, u_2, \cdots, u_s)^T \geq 0 \end{cases} \quad (2-43)$$

利用 Charnes – Cooper 变换,将式(2 – 43)转化为一个等价的线性模型:

$$(P)\begin{cases} Max u^T y_0 = V_p \\ s.t. \omega^T x_j - u^T \geq 0 \\ \omega^T x_0 = 1 \\ \omega \geq 0, u \geq 0 \end{cases} \quad (2-44)$$

若线性规划 P 的最优解中存在 $\omega^0 > 0$, $u^0 > 0$,并且目标值 $V_p = u^T y_0 = 1$,称决策单元 j^0 为 DEA 有效(CR^2)。

(3)模糊综合评价法。

模糊综合评价法根据模糊数学的隶属度理论转化定性评价为定量评价,是一种基于模糊数学的综合评价法。用模糊数学对受到多种因素制约的实物或者对象做一个总体的评价。模糊综合评价法中运用了很多术语,比如,评价因素、评价因素值、评价值、平均评价值、权重、加权平均评价值和综合评价值,每一个术语都有不同的含义和数学意义。

模糊综合评价法以最优的评价因素值(评价值 = 1)为基准,其余欠优的评价因素根据其欠优程度得到不同的相应评价值。根据各类评价因素的特征,用 F 统计法、各种类型的 F 分布等方法可以确定评价值和评价因素之间的隶属度函数关系。

然而,由于综合评价法不建立函数关系,需要考虑的影响因素又较多,对于多投入和多产出的情况适用性较差,操作程序烦冗,并且受调查主体的主观影响较大,结果敏感性也较强。所以,我们不选择综合评价法作为家庭农场适度规模经营的研究方法。

第 3 章

家庭农场适度规模经营的定量分析方法

3.1 柯布-道格拉斯成本函数

凯贝德和斯彻瑞恩（Kebede & Schreine，1996）在研究肯尼亚奶业专业合作社中主要运用以下形式的对数线性成本函数研究农业合作社的规模经济：

$$\ln Q_i = \beta + \sum_{i=1}^{n} \alpha_i \ln x_{ij} + \varepsilon_i \qquad (3-1)$$

$$\sum_{i=1}^{n} \alpha_j = r, \ \varepsilon_i = v_i - \mu_i \qquad (3-2)$$

其中 Q_i 是第 i 个奶业合作社处理的牛奶量，X_{ij} 是投入到第 i 个合作社的第 j 个投入要素，β 和 α_j 是被估参数，r 是规模要素报酬，ε_i 为残差，残差包括两个部分，v_i 为由于外界环境的突变而造成的对称分量残差，μ 为截距正常变化的残差，代表技术低效。最小 CD 成本函数就应该为：

$$\ln C = \beta + 1/r\ln Q - 1/r(v-\mu) = \beta + 1/r\ln Q - 1/rG \quad (3-3)$$

过多的要素需求会使额外的增加成本高于边界成本，这体现了个别合作社的技术低效，式（$1/r$）μ 表示实际成本超出边界成本的比率。

将 46 个合作社的截面数据作为样本，得出成本边界弹性为 0.93，意味着每增加 10% 的牛奶处理量，合作社的总成本会增加 0.93%，规模经济值为 0.07，意味着每增加 1% 的牛奶处理量，平均成本下降 0.07%。合作社的单位成本在路面较差和运输过程较远的条件下较高，这样的奶业合作社应该增加运输的牛奶量，增加新的社员或者兼并一两个类似经营状况的合作社，才能实现成本节约。在其他的研究中，研究人员采用了多种更为灵活的函数形式进行计算。

3.2 超越对数成本函数

超越对数成本函数（Translog Cost Function，TCF）是由克里斯坦森等人（Christensen et al., 1973）率先提出的，他介绍了专门针对两种投入和两种产出的超越对数生产前沿函数，并且指出这种方法可以延伸到多投入和多产出的模型中去。超越对数成本函数模型是一种易于估计和包容性很强的变弹性成本函数模型，它可有效研究各种投入技术进步的差异及成本函数中投入—产出的交互影响。函数是经过对一般对数线性成本函数特定点的泰勒级数展开得到的：

第3章　家庭农场适度规模经营的定量分析方法

$$\ln C = \alpha_0 + \sum_{i=1}^{m} \alpha_i \ln y_i + \sum_{k=1}^{n} \beta_k \ln w_k + \sum_{i=1}^{m} \sum_{k=1}^{n} \rho_{ik} \ln y_i \ln w_k$$
$$+ \frac{1}{2} \Big[\sum_{i=1}^{m} \sum_{j=1}^{m} \varphi_{ij} \ln y_i \ln y_j + \sum_{k=1}^{n} \sum_{h=1}^{n} \gamma_{kh} \ln w_k \ln w_h \Big]$$
$$(3-4)$$

$C(y, w)$ 对投入价格是线性齐次的，这个性质只有在对参数的线性约束成立的条件下，才会被超越对数成本函数满足，其中 $\phi_{ij} = \phi_{ji}$；$\gamma_{kh} = \gamma_{hk}$；$\rho_{ik} = \rho_{ki}$，克里斯坦森（Christensen）对以上限制条件进行了证明。

对投入价格求偏导得出 w 的份额方程：

$$\frac{\partial \ln C}{\partial \ln w_k} = S_w = \beta_k + \sum_{h}^{n} \gamma_{kh} \ln w_h + \sum_{i}^{m} \rho_{ik} \ln y_i \quad (3-5)$$

规模收益为：

$$\frac{\partial \ln C}{\partial \ln y_i} = \alpha_i + \sum_{j=1}^{m} \rho_{ik} \ln y_j + \sum_{h=1}^{n} \gamma_{kh} \ln w_k \quad (3-6)$$

对偶条件要求成本函数对价格是线性齐次的，即：

$$\sum_{k=1}^{n} \beta_k = 1, \sum_{k=1}^{n} \sum_{h=1}^{n} \gamma_{kh} = 0, \sum_{i=1}^{m} \sum_{k=1}^{n} \rho_{ik} = 0 \quad (3-7)$$

超越对数函数的优点还包括：

（1）考虑企业多投入或多产品联合生产的情况；

（2）可以用便捷的标准方法估计参数的根；

（3）参数的经济意义明显直接。

菲斯和麦克法登（Fuss & Mcfadden, 1978）提出假设多产品企业的技术被表述为转换函数 $T(Y, X)$，此处 Y 为 N 种产出，X 为非负的 M 种投入，满足二元多产品成本函数存在的所有条件，那么二元多产品联合成本函数可表示为：

$$C(Y,W) = \underset{X \in L(Y)}{Min} W'X \qquad (3-8)$$

C 是生产所有产出 Y 的总成本，W 是 M 种非负投入量的投入价格，且 $L(Y) = \{X \mid T(Y,X) \geq 0\}$ 是投入需求量的凸子集。谢泼特引理（Shephard's Lemma; Diewert, 1974）证明投入需求函数可以从成本函数中导出来，即：

$$\frac{\partial C(Y,W)}{\partial W_j} = X_j(Y,W) \qquad (3-9)$$

当转换函数对于产出 Y 是可微的，则有以下约束条件：

$$\frac{\partial C(Y,W)/\partial Y_i}{\partial C(Y,W)/\partial Y_p} = \frac{\partial T(Y,X)/\partial Y_i}{\partial T(Y,X)/\partial Y_p} = -\frac{\partial Y_p}{\partial Y_i} \qquad (3-10)$$

两种产出的边际成本率等于这两种产出的边际转换率。哈诺（Hanoch, 1975）、布朗和夏奇尔（Brown & Chachere, 1980）指出，在每一产出水平上由于投入价格的固定和成本的最小化，可以通过成本和产出的关系来表示规模经济。给定一个非齐次成本函数，规模弹性的走势更能决定平均成本曲线的形状。通常情况下，在单一产品企业中的规模经济由平均成本和边际成本之间的关系来表示，但是在多产品企业中，鲍莫尔（Baumol, 1975）、潘扎尔和威利格（Panzar & Willig, 1977）把规模经济定义为：

$$SL(Y,W) = \frac{C(Y,W)}{\sum_i Y_i MC_i} = \frac{1}{\sum_i \varepsilon CY_i} \qquad (3-11)$$

其中，MC_i 是对第 i 种产出的边际成本；$\varepsilon CY_i = \partial \ln C / \partial \ln Y_i$，表示第 i 种产出的成本弹性。如果 $SL > 1$，存在规模经济；如果 $SL = 1$，规模经济不变；如果 $SL < 1$，称其为规模不经济。

第 4 章

家庭农场的发展状况

4.1 我国家庭农场的发展历程及现状

4.1.1 我国家庭农场的发展历程

从历史的长河来看,我国早在秦汉时期就出现了以移民垦荒和军屯为主的农场的"雏形"。此后历代都非常注重屯垦,尤其是军屯(彭剑良,1994)。到了国民政府时期,又出现了垦殖场以及机械化农场。抗日战争时期,曾在边区和抗日根据地组织开展大生产运动,一定程度上也具有"农场"的性质。解放战争时期,中共中央在解放区进行土地改革,并实行"耕者有其田"的土地制度,充分调动农民的生产积极性以及革命热情。中华人民共和国成立后,全国各地陆陆续续开办了大批国有农场。可见,我国家庭农场的发展具有很深的历史渊源。

农场的发展与我国土地流转制度的变迁有着非常密切的关系。1952年底,土地改革的完成,使得我国的土地所有权转变为农民个体所有。从1953年起,我国开始实施社会主义改造。农业方面主要是通过引导农民从参与互助组到加入农业生产合作社的转变,以此来完成土地农民私有向集体所有的改造。与此同时,规定合作社的性质是劳动农民的集体经济组织,并进一步明确了社会主义合作化的发展进程是从最初临时的互助组到常年互助组,然后到农业生产合作社,最后到集体农庄(徐勇,2010)。1956~1978年,由于合作社及人民公社运动的广泛开展,农村的土地所有权与经营权统归集体支配,从而形成了相对统一的生产方式(屈学书,2014)。1978年,安徽凤阳小岗村等地首次进行"包产到户"的尝试,极大地推动了当地农村经济的发展。1983年家庭联产承包责任制的合法地位得以确立,使我国农村土地制度从集体所有、集体经营向集体所有、家庭经营的模式转变。1978年8月召开全国农垦工作汇报会议,决定在国营农场中兴办职工家庭农场。

1984年中共中央1号文件鼓励土地逐步向种田能手集中,并明确指出:国营农场应继续进行改革,实行联产承包责任制,办好家庭农场。这是我国首次在中央1号文件中提出家庭农场的概念。当时的家庭农场主要有联合经营、雇工经营和独家经营三种经营形式。由于国营农场是全民所有制的农业企业,家庭农场是在承包部分国营农场的基础上以职工家庭为生产经营单位,进行独立核算、自负盈亏、相对独立的经济实体,所以它是国营农场的一个经营层次(江东平,1985)。同年9月农牧渔业部颁布的《国营农场职工家庭农场章程(试行草案)》,明确了职工家庭农场的概念:家庭农场是在全民所有制国营农场领导下,以户为单位,实行家庭经营、定额上交、自负盈亏的经济实体。这一时期的家庭农场是典型的"大农场套小农场",即在国营农场内发展职工家庭农场(夏大斌,1987)。1987年中央文件《把农村改革引向深入的决议》提出有条件的地区可以兴办适度规模的家庭农场。这是中央明确指出可以在集体土地上兴办家庭农场。之后,在上海、苏南等地区开始出现家庭农场。据统计,1984年至1989年间,全国职工家庭农场的数量由42.3万个增加至116.8万个,农业总产值由11.8112亿元上升到65.8349亿元,纯收入由4.2153亿元增长到35.2551亿元(肖斌,2013)。

2008年中共十七届三中全会明确指出"有条件的地方可以发展专业大户、家庭农场、农民专业合作社等规模经营主体"。2013年中央1号文件中提出"鼓励和支持承包土地向专业大户、家庭农场、农民合作社流转,发展多种形式的适度规模经营"。与1984年中央1号文件①不同的是,这次明确指出要鼓励承包土地向家庭农场流转,主要是针对农村集体所有的土地,而不是当年的国营农场土地。在中央的号召下,广大农村地区再次激发热情,家庭农场迅速发展。截至2012年底,全国已有87.7万个家庭农场。

---

① 中共中央关于一九八四年农村工作的通知[N].人民日报 1984-06-12.

从家庭农场的形成发展过程来看，以家庭经营为主要特征的家庭农场更加符合农业生产发展的特点，是当前农业生产经营的有效组织形式。无论是专业合作社、专业大户或者是家庭农场，都是在家庭联产承包责任制的基础上演变来的。这种演变的过程不仅是经营规模的扩大，还包括产品的市场导向以及生产过程的现代化与专业化等方面，在国营农场中发展职工家庭农场本质上是家庭联产承包责任制在国营农场中的表现，职工家庭农场实际上是有较大生产规模的承包大户，是大农场里的小农场。因此，从这个意义上讲，家庭农场与国营农场以及职工家庭农场有着很深的发展渊源。

4.1.2 我国家庭农场的发展现状

自2013年"家庭农场"的概念被正式提出后，家庭农场得到蓬勃发展。综观我国家庭农场的发展，其发展状况可归纳为以下六个特征。

4.1.2.1 家庭农场的规模认定标准不一

我国是一个幅员辽阔的国家，各地的具体情况不同。家庭农场的经营规模具有适应性的特征，即因地制宜、适度规模。由于家庭农场数量众多，经营模式也不完全相同，大致形成了以上海松江、浙江宁波、湖北武汉、吉林延边、安徽郎溪为代表的五种发展模式。不同模式的家庭农场促进当地农村经济的发展,但也由此带来了认定标准不统一、技术要求不一致等问题,仅在家庭农场经营规模上就存在很大的差异(农村经营管理,2013)。

4.1.2.2 整体发展较为迅速但区域间差异大

整体来看,我国家庭农场的发展较快,并取得了一定的效益,但仍处于起步阶段。与普通农户相比,家庭农场在一定程度上实现了规模经营,经营效益得到大幅提高,农民生活得到改善。但与国外家庭农场相比,我国家庭农场运作仍不够成熟(项岩喊娃,2018)。我国家庭农场的发展具有地区不平衡性,东部地区,尤其是长三角一带家庭农场发展速度快,数量较多,而其他地区则相对较少。家庭农场在整体快速发展的同时,这种地区间不平衡发展的问题会随着时间的推移将更加明显(胥彩霞,2017)。例如,2012年上海松江家庭农场已经发展到1173家,每个家庭农场平均经营面积114亩,家庭农场经营的总面积占到松江全区粮田总面积的近8成;浙江宁波通过工商注册登记的家庭农场达687家,湖北武汉各类家庭农场共167家,安徽郎溪已发展各类家庭农场216家,但全国其他地区特别是中西部地区发展速度则相对较为缓慢(王贻术,2015)。

4.1.2.3 家庭农场的注册率低

目前,我国尚未对家庭农场工商登记做出统一规定,而且各地家庭农场的注册登记不尽相同,以致家庭农场的认定与注册比率较低。2012年底,全国87.7万个家庭农场中,仅有3.32万个被有关部门认定或注册，其中农业部门认定1.79万个，工商部门注册1.53万个，绝大多数家庭农场没有注册登记（龙新，2013）。进一步说明家庭农场发展仍然处于起步阶段，也说明家庭农场工商登记缺乏统一标准，导致相关部门在实际操作中存在困难。家庭农场进行工商登记是向市场经营主体转变的重要途径，也是有别于种养大户的重要特征。通过工商登记，家庭农场的市场主体地位将会更加明确，也有利于促进品牌的创建及贷款的获取等（曾超群，2010）。

4.1.2.4　家庭农场主受教育水平偏低

在家庭农场的发展中，面临着家庭农场主受教育程度偏低的问题。国务院发展研究中心农村经济部2012年对上海市松江区1173户家庭农场调研发现，农场经营者小学文化程度的290户，占24.7%，初中文化程度的816户，占69.6%，高中及以上文化程度的67户，仅占5.7%（刘守英，2013）。农场主文化程度偏低，反映出家庭农场生产经营中接受的现代管理理念较少，而更多地依赖于经验。家庭农场作为一种现代新型的农业经营组织形式，农场主的个人素质对于农场的经营起着至关重要的作用。农场主不仅要懂种植，还要会管理。

4.1.2.5　土地流转影响家庭农场发展

家庭农场的发展需要一定规模的土地，这是毋庸置疑的。而土地的来源则对家庭农场的发展产生着很大的影响。据农业部2016年底对44.5万户家庭农场专项统计调查结果显示,各类家庭农场经营耕地5675.0万亩,从经营耕地的来源看,流转经营的耕地面积4014.9万亩,占70.8%。[①] 在土地流转中,存在流转市场不成熟、周期短、程序不规范等问题。具体表现为:我国多数地方并未建立完善的土地流转市场,土地承包权的出让方和受让方双方信息不对称,没有建立真正的沟通渠道,土地流转也就无法通过公开市场的方式大规模进行,许多地方的土地流转都是在亲戚朋友之间或者是村集体内部的熟人之间进行。

4.1.2.6 政策扶持力度加大

2013年以后,我国各级政府陆续出台一系列政策,大力扶持家庭农场的发展。例如,在开展家庭农场建设时,可以享受资金补助、税收优惠、政府贷款以及获得培训等一系列扶持政策,这些政策在很大程度上促进我国家庭农场的发展,从而促进农村地区经济的发展。而且在农业部发布的《关于做好2019年农业农村工作的实施意见》《2019年种植业工作要点》以及《国务院关于促进乡村产业振兴的指导意见》等相关文件中均提到了要鼓励支持家庭农场等新型经营主体的发展。

---

① 2016年家庭农场发展情况[EB/OL]. http://www.hzjjs.moa.gov.cn/nyshhfw/201904/t20190418_6182625.htm.

4.2 山西省家庭农场的发展状况

4.2.1 山西省家庭农场的发展历程

景亦奇（2016）以农场主的立场分析了山西省家庭农场的发展起源。主要有以下四种方式：

第一，农村种养大户转变为家庭农场主创办家庭农场，这是山西省家庭农场形成发展的主要方式与力量。很多农村种养大户通过自身经验及技术的积累，从本村或者附近乡村大量流转小规模农户的承包土地，然后从事规模化、特色化种养。

第二，通过"四荒"治理逐步形成家庭农场。1997年山西省政府下发《关于拍卖农村"四荒"地使用权搞好小流域综合防治的若干规定》的通知：凡属山西省农村集体所有的未进行治理的"四荒"都可以拍卖使用权，实行谁购买，谁治理，谁管护，谁受益。在政策的指引下，当地农民通过承包村里"四荒"地，获得土地并进行开发利用，在此基础上，很大一部分家庭农场得以形成。

第三，外出务工农民返乡开办家庭农场。政府出台《关于支持农民工等人员返乡创业的实施意见》等政策措施，支持和引导山西省农民工、高校毕业生以及退役士兵等围绕优势产业和特色经济返乡创业。有些打工致富的农民工，带着外出打工赚取的"第一桶金"返乡创业，许多外出务工人员也利用多年积累的资金和经验，回乡创办家庭农场。

第四，企业主转型从事农业而创办家庭农场。在经济增速减缓以及山西煤炭市场萧条的形势下，一些农村企业主回村与亲戚朋友联合投资家庭农场，从而从事以高效、规模为特征的特色农业、有机农业和循环农业等。

自2013年中央1号文件提倡发展家庭农场以来，山西省有关单位积极落实国家政策，加快推进家庭农场的发展，经过持续的努力，家庭农场的发展已经初见成效。在培育家庭农场的过程中，山西省坚持找准特色定位，积极推动生产专业化以及种植区域化，引导优势农产品向优势生产乡村集中发展，形成了许多特色鲜明的家庭农场。

4.2.2 山西省家庭农场的发展现状

2013年《山西省农业厅关于认定家庭农场的暂行意见》指出，家庭农场是依法享有农村土地承包经营权的农户，以家庭成员为主要劳动力，从事农业规模化、集约化、商品化生产经营，并以农业为主要收入来源的新型农业经营主体。

山西省农业厅农情统计数据表明，山西全省家庭农场经营耕地面积达111.3万亩，场均经营面积超过100亩，是全省农户户均承包耕地的20多倍。家庭农场类型则呈现种植业为主，多种形式并存的格局。全省种植型家庭农场达5667个，占62.8%，其中又以粮食种植型家庭农场为主导，达3914个。养殖型家庭农场则有3076个，占34.1%。种养结合农场270个，占 3%。

从经营效益看，家庭农场收入远高于一般农户，甚至已超过城镇居民平均水平。目前，山西省家庭农场年纯收入达 24.4 万元。即便是效益较低的种植型家庭农场，年均纯收入也达到 8.9 万元，按一个家庭农场 4 个成员计，人均年收入在 2.2 万元以上，与城镇居民人均可支配收入 22456 元相当。而 2018 年山西省农村居民人均可支配收入仅为 7949 元，外出务工农民年均收入为 21682 元，都不及家庭农场。

家庭农场虽以家庭成员为主要劳动力，但也有少量雇工，可以带动部分农民增收。目前，全省家庭农场雇工人数约 2.1 万人。在一系列的政策支持下，山西省的家庭农场得到迅速发展，截至 2019 年 6 月全省共认定家庭农场 9032 家。[①]

4.2.2.1 有明确的规模认定标准

山西省规定由各级农经部门进行本行政区域内家庭农场的认定工作，其中在具体规模上有着较为明确的标准，且要达到一定标准并保持稳定（见表 4-1 和表 4-2）。

表 4-1　　山西省种植类家庭农场经营规模认定标准

经营种类	粮食生产		蔬果和经济作物	干鲜果品	
	小麦	玉米、杂粮	露地蔬菜、瓜果、棉花、油料、甜菜、烟叶、药材	水果业	干果业
种植面积	≥3.333hm²	≥6.667hm²	≥3.333hm²	≥1.333hm²	≥3.333hm²

---

① 山西共有家庭农场 9032 个年均纯收入达 24.4 万元. [EB/OL]. 农百科, https://www.ke82.com/view/50s56873u0.html.

表4-2　　　山西省养殖类家庭农场经营规模认定标准

经营种类	生猪	羊	肉牛	奶牛	蛋禽	肉禽
年出(存)栏数	500头以上	300只以上	100头以上	100头以上	1万只以上	5万只以上

注：从事设施农业的建筑面积达到0.667公顷以上；其中生猪、羊、肉牛、肉禽为年出栏数，奶牛、蛋禽为年存栏数。

4.2.2.2　经营发展效益较好

通过发展家庭农场，山西省农村经济取得了不错的效果。2015年山西省平均每个家庭农场年纯收入24.4万元，其中种植型家庭农场年均纯收入8.9万元，以一个家庭农场平均4个人计，种植业家庭农场人均纯收入超过2.2万元，比山西省2014年农村居民年人均可支配收入9454元水平高，同时也比外出农民工务工年收入21682元的水平高（景亦奇，2016）。右玉县通过发展家庭农场，也取得了较好效益。截至2014年底，右玉县家庭农场年销售总额达到1177.9万元，相比传统农业收入获得明显提高，特别是中小家庭农场对经济的提升效果显著（李鑫龙，2016）。2017年晋城市287个家庭农场，收益共16352.76万元（郭诗歌，2018）。徐印贤（2014）在对山西吉县家庭农场的调查中发现，与传统的经营模式相比，全县果树家庭农场无论是亩产值，还是亩均效益都有较大幅度的增长，土地的利用率以及农民收入有了明显提高。笔者在2016年对晋南地区家庭农场的调研中了解到，286个家庭农场年销售农产品总值高达11634.81万元，其中20万元以下的有153个，20万~50万元的有73个。50万~100万元的有38个，100万元以上的有22个（见图4-1）。

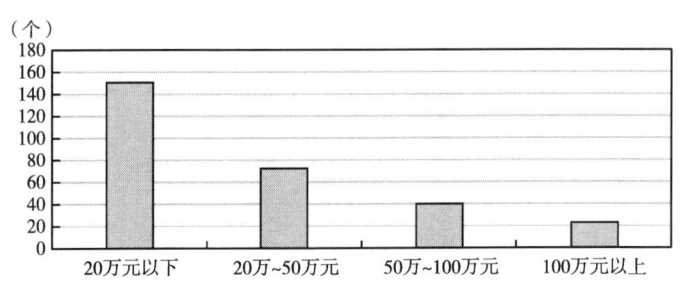

图 4-1 2016 年晋南 286 个家庭农场销售农产品总值

4.2.2.3 家庭农场注册率低

山西省家庭农场的注册率偏低。在 105 个家庭农场调查样本中仅有 20 个在工商局注册，占样本总数的 19.04%（霍紫薇，2016）。这说明农场主没有注册品牌的意识，对于工商注册后的优势不够了解。近些年来，人们一直都关注食品质量安全问题，农产品也不例外。消费者在购买商品过程中，在一定程度上会关注于那些注册过的产品，因此进行工商注册显得尤为重要。笔者在对晋南的 286 个家庭农场调研中也发现有工商注册标志的家庭农场数量仅有 32 家，占比仅为 11.19%，只有两家被认证为绿色食品。

4.2.2.4 农场主文化水平低

山西省家庭农场发展中，普遍存在农场主受教育程度偏低的问题，农场主文化水平大多为初中文化，他们往往依据长期的务农经验进行生产劳动，而没有接受过现代化的农业生产知识，这就很不利于新型农业的发展。而现代化的家庭农场要实现集约化、规模化、产业化经营发展，就需要一群懂技术、善

第4章 家庭农场的发展状况

经营、会管理的新型职业农民。然而从山西省的情况来看,距离达到现代化的标准相去甚远。晋城市287个家庭农场主大多是由当地的种粮以及养殖大户转变来的,并没有先进的农业生产经营管理知识与技术,无法满足家庭农场快速发展的现实需要,一定程度上制约着家庭农场的发展(郭诗歌,2018)。在霍紫薇(2016)对105个家庭农场主的样本调查中,初中文化水平以下的农场主人数为81人,占样本总数的77.14%。笔者在对晋南286个家庭农场的调查中也发现农场主文化程度偏低,以初中、高中文化水平为主,其中初中有154人,占比54%,高中有106人,占比37%,仅有2人为本科学历(见图4-2)。

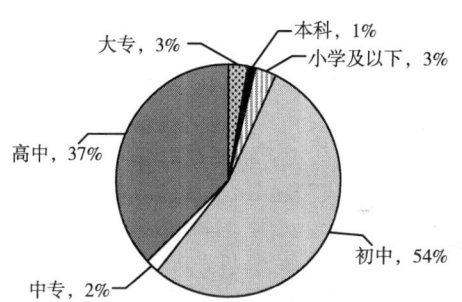

图4-2 2016年晋南286个家庭农场主文化程度

4.2.2.5 行业分布情况

晋北地区主要以种植玉米和杂粮为主,粮食型农场有3909个,占40.7%。在中北部以养殖型农场或种养结合型农场居多,而种养结合型农场基本上以种植玉米为主,兼养鸡、猪或羊。而在山西南部,家庭农场多是粮经兼作型,如粮菜、粮药、粮果型家庭农场等，兼作型农场占全省的 21.0%（景亦奇，2016）。在晋城市家庭农场调查中，种植业农场 118 个；畜牧业农场 158 个，其中生猪产业 78 个，占畜牧业总数的 49.37%，种养结合 10 个，占畜牧产业总数的 15.8%；没有奶业和渔业，其他产业有 1 个（郭诗歌，2018）。右玉县家庭农场的发展形成了以种植业为主，畜牧业点状分布，种养结合为补充的模式（李鑫龙，2016）。作者对晋南家庭农场调查中，发现当地主要以种植粮食与果蔬类为主，也有少量的从事禽类的饲养以及林产品和药材类的种植（见图 4-3）。

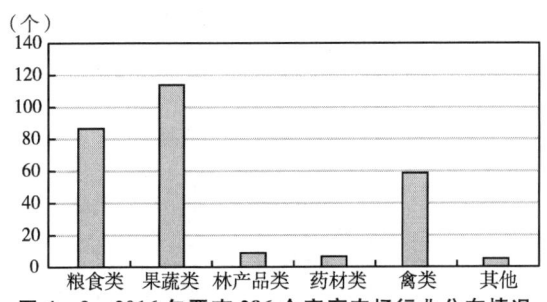

图 4-3 2016 年晋南 286 个家庭农场行业分布情况

注：其中粮食类包括小麦、玉米、薯类、杂粮等；果蔬类包括苹果、梨、露地菜、设施菜等；林产品类有核桃等；禽类包括蛋鸡、猪、羊等；其他包括棉麻类以及花卉苗木等。

4.2.3 山西省家庭农场的发展特点

近些年来，山西省的家庭农场大致形成了以下几种发展模式：

（1）家庭农场与合作社相结合的模式。随着家庭农场经营规模的扩大，需要投入更多的生产要素及技术要素，由此面临的市场风险以及资金风险会显著增大。而要有效地解决这些问题,就需要加强与其他经营主体的合作。家庭农场通过加入合作社,可以有效利用合作社资金、技术等方面的优势,缓解农场的融资困难以及机械化投入等方面的难题。

(2) 以"农家乐"形式发展特色农业的家庭农场的模式。一些果蔬、花卉类种植的家庭农场充分利用大棚种植的优势,同时利用先进的农业生产技术,等到蔬菜、水果成熟之时吸引城市居民前来观赏与采摘,一定程度上会促进农产品的销售,也可以提供其他附加的游玩体验活动,增加家庭农场的附加值,从而间接提升家庭农场的经营效益。

(3) 以养殖模式为主的家庭农场。现阶段山西省的家庭农场多为以养殖鸡、猪、羊、牛等为主的畜牧养殖模式。

(4) 龙头企业与家庭农场相结合的模式。家庭农场作为一些农业企业的原材料生产基地,龙头企业统一提供产前、产中、产后一系列服务,形成公司与农场风险共担、利益共享的共同体。这种模式更多应用于养殖型家庭农场。

(5) 循环绿色农业发展模式。坚持农业的可持续发展,积极发展绿色循环农业,利用农家肥以及废弃的农作物发酵之后形成的肥料返回土地,而不是一味地使用化肥。这不仅有利于保护生态环境,而且还可以充分利用资源,促进可持续发展。例如,可以通过种养相结合以建立循环农业家庭农场,充分利用家禽产生的粪便作为原料发酵生产有机肥,有效减少化肥的使用量。同时也可以把农作物秸秆进行再加工作为饲料来进行家禽养殖,一方面促进了种植业的有序发展,另一方面也降低了养殖成本,解决了秸秆焚烧难题(霍紫薇,2016)。

第5章

家庭农场适度规模经营的实证研究：以山西省南部为例

5.1 果蔬类家庭农场的适度规模经营

5.1.1 数据搜集

2013年山西省农业厅下发《关于认定家庭农场的暂行意见》中规定了山西省家庭农场的概念、认定标准、申报办法等内容，认定标准包括："家庭农场以家庭成员为主要劳动力，以农业收入为主要收入来源，农业净收入占家庭农场总收益的80%以上；以家庭承包和流转土地为主要经营载体，家庭农场经营规模须达到一定标准并相对稳定，从事露地蔬菜、瓜果、棉花、油料、甜菜、烟叶、药材生产的种植面积在3.33公顷以

第5章 家庭农场适度规模经营的实证研究：以山西省南部为例

上；从事水果业的种植面积达 1.33 公顷以上等。"① 那么，家庭农场经营面积到底达到多少公顷才是适度经营规模面积？因此，选取果蔬家庭农场的相关数据作为规模经济和适度规模研究测算的样本数据，选择果蔬类家庭农场进行调研的原因是其经营类别、成本结构、技术水平及经营模式相似，能更科学的预测规模经济和适度经营规模。数据主要通过 2016 年 7 月对山西省晋南地区 12 个县市的家庭农场发放调查问卷、农户访谈获取，部分数据来源于山西省农业厅的"山西省家庭农场信息管理系统"。共涉及果蔬类家庭农场 119 个，剔除无效问卷 10 份，有效样本共 109 个（表 5 - 1）。

表 5 - 1　　　　家庭农场数量调研县区市分布

县区市	平陆县	永济市	盐湖区	绛县	新绛县	芮城县
数量（个）	28	23	13	11	7	3
县区市	垣曲县	万荣县	夏县	临猗县	河津市	稷山县
数量（个）	6	5	5	4	3	1

资料来源：由调研数据整理所得。

家庭农场的基本情况和调研问卷中涉及的主要测算数据如表 5 - 2 所示，家庭农场的总人口数介于 1~9 人，平均约为 4 人，农场主全部为男性，年龄在 30~60 岁，家庭劳动力人数在 1~8 人，平均约为 3 人。

文化程度采用分值法计数，初中及以下得 1 分，高中或中专得 2 分，大专得 3 分，本科得 4 分，文化程度越高，表明学

---

① 山西省农业厅. 山西省农业厅关于认定家庭农场的暂行意见 [EB/OL]. http：//nynct. shanxi. gov. cn/root25/auto1235/auto1240/201311/t20131108 _ 46370. html？keywords = 关于认定家庭农场.

习新思想和农业技术的能力越强。调研结果显示农场主受教育的平均年限为9年,大多为初中文化水平。其中,初中及以下学历的农场主有62人,占总数的56.89%;高中或中专以上的农场主有42人,占总数的38.53%;大专学历的农场主有4人,本科学历的农场主仅有1人。

表5-2　　　　　　　　家庭农场情况说明

指　标	均值	最小值	最大值
文化程度(取值1~4分)	1.4862	1	4
家庭人口(人)	4.5872	1	9
劳动力人数(人)	3.1469	1	8
长期雇工人数(人)	0.4128	0	7
长期雇工支出(万元)	0.5313	0	7
短期雇工人数(人)	7.8073	0	150
短期雇工支出(万元)	1.0694	0	15
总经营面积(公顷)	4.6453	1.3333	24.8
家庭承包面积(公顷)	0.7042	0.12	2
流转面积(公顷)	2.6732	0	24.44
其他承包面积(公顷)	1.2669	0	20
生产投入总成本(万元)	10.7692	0.7	65
农产品总值(万元)	20.8009	4.5	120
净收入(万元)	11.37822	1.5	80

资料来源:通过调研数据及"山西省家庭农场信息管理系统"数据整理所得。

仅有长期雇工的家庭农场有8个,仅有短期雇工的家庭农场有46个,既有长期雇工又有短期雇工的家庭农场有16个,即没有长期雇工人数也没有短期雇工人数的有39个。大部分农场的劳动力以家庭劳动力和短期雇工为主,雇佣长期雇工的家庭农场非常少。

家庭农场总经营面积最小为 1.33 公顷, 最大为 24.8 公顷, 均值约为 4.65 公顷。家庭承包面积均值为 0.7 公顷, 占总经营面积的 15.16%; 流转面积均值和其他承包面积均值分别为 2.67 公顷和 1.27 公顷, 占总经营面积的 57.54% 和 27.27%, 表明家庭农场土地经营主要以流转土地和其他承包土地为主。

农产品投入总成本在 0.7 万元~65 万元, 农产品总值在 4.5 万元~120 万元。调研发现仅有 6 个家庭农场有工商注册商标, 大部分家庭农场没有工商注册。

5.1.2 家庭农场的聚类分析

聚类分析也称群分析、点群分析, 是基于观测案例在若干变量的基础上, 将案例划分为不同的组或类, 主要通过将个体或对象分类, 使类间对象的同质性最大化。采用聚类分析的方法不仅有利于了解不同类家庭农场的属性和特征, 而且能够科学合理的分析相异类家庭农场的规模经济问题, 有针对性地为相关政府和部门制定扶持政策提供智力支持。

将同质的家庭农场聚为一类, 令它们与同一组中的对象彼此相似, 与其他组中的对象相异。聚类分析使用的变量可以从影响家庭农场生产经营收益的主要指标中选取。例如, 认为物质资本、人力资本和社会资本对家庭农场的效益影响为正(汪兴东等, 2013); 经济、社会、资源、环境四个评价维度及 22 个指标可以反映农业的可持续发展 (高鹏等, 2012); 从经济绩效和发展潜能上构建家庭农场综合评价指标体系 (李星星等, 2015)。我们选取从总体上反映家庭农场经营状况的经济绩效和经营潜能作为指标,对数量大、规模不一的家庭农场进行聚类分析。

5.1.2.1 家庭农场的聚类指标

选取经济绩效和经营潜能作为家庭农场聚类的指标。其中,经济绩效是衡量一切经济活动的最终指标,追求用尽量少的成本耗费取得尽量多的经营成果,该指标的选取考虑家庭农场生产投入要素的配置——即劳动、资本和土地的投入产出比,分别通过劳动生产率、土地产出率和成本费用利润率来表达。劳动生产率是指家庭农场平均每个劳动力所能创造的总价值,即人均产值,是从劳动投入—产出的角度反映家庭农场的生产经济效益;土地产出率是从土地投入的角度来反映农场生产经济效益,土地产出率越高,土地集约化水平越高;成本费用利润率是从资金投入的角度反映家庭农场的生产经济效益。

经营潜能可以通过人力资本和物质资本体现,家庭是家庭农场的经营主体,所以人力资源尤其重要,人力资本体现于家庭农场主的知识、劳动和管理技能,选用文化程度、家庭劳动力人数表示;家庭农场主要是靠家庭劳动力进行生产经营,所以家庭劳动力人数的多少可以体现其经营潜能;物质资本是较长期存在的农业生产物资形式,由于数据获取有限,此处选用土地经营面积作为衡量指标(表5–3)。

经济绩效中劳动生产率(万元/人)=家庭农场总产值(万元)÷劳动力人数(人),劳动力人数包含家庭劳动力人数、长期雇工人数和短期雇工人数折算成全年的劳动力人数,其中,家庭劳动力人数和长期雇工人数可以通过调研直接获取,而短期雇

表 5-3　　　　　　　家庭农场聚类指标

聚类指标	指标（X_n）
经济绩效	（X_1）劳动生产率（万元/人）
	（X_2）土地产出率（万元/公顷）
	（X_3）成本费用利润率（%）
经营潜能	（X_4）文化程度
	（X_5）家庭劳动力人数（人）
	（X_6）家庭农场经营面积（公顷）

工人数的计算应通过计算短期雇工工作总天数，再折算成全年的短期雇工人数得到，通过访谈得知长期雇工工资按月结算，平均每月每人为 2500～3000 元，短期雇工工人的日工资在 80～130 元之间，并且雇佣工人根据性别不同雇佣工资也不同，短期雇佣男性工人的日工资（110～130 元）普遍高于雇佣女性工人的日工资（80～100 元），取平均值 105 元作为短期雇工每人每日工资，由已获得的短期雇工人数及其雇工支出的数据，得出短期雇工一年的工作天数在 0～63 天，平均为 10 天，存在 0 天是因为个别家庭农场不雇佣短期雇工（表 5-4），一年按 365 天算，可推算出全年的短期雇工劳动力人数。

表 5-4　　　　　短期雇工劳动力人数的测算

变量	个数	均值	标准差	最小值	最大值
劳动天数（天）	109	10.7701	14.8973	0	63.4921

土地产出率（万元/公顷）= 家庭农场总产值（万元）÷ 家庭农场经营面积。成本费用利润率 = 净利润（万元）÷ 成本费用（万元）。

经营潜能中的文化程度采用分值法。家庭农场经营面积

（公顷）=家庭承包经营面积+流转面积+其他承包面积（四荒地、水面、草地等），家庭农场的经营面积越大，认为发展潜能越大。

采用全距标准化的方法令每个变量除以自己的全距，假设原先的变量为 X（经济绩效和经济潜能中的6个指标），创造一个新的变量 $rX_n = X_n/(r\{max\} - r\{min\})$，$r\{max\}$ 和 $r\{min\}$ 分别为该变量 X_n 的最大值和最小值，可产生6个新变量，这些新的全距标准化变量都具有等于1的全距（表5-5）。一旦所关注指标得以被标准化，就可以继续进行聚类分析。

表5-5　　　　　　　　新变量的全距

变量	rX_1	rX_2	rX_3	rX_4	rX_5	rX_6
全距	1	1	1	1	1	0.9999999

5.1.2.2　聚类结果及分析

采用层次聚类法，将最接近的两个组合并，以此类推，直到一个设定的停止点，或者将全部观测案例归属于一个组，这种方法可以通过系统树图或树状图直观观察。层次聚类法有很多种联结方法，其中平均联结法（Average Linkage）聚类分析相对合理稳健，它使用两个组之间观察案例的平均相异性，产生的属性居于最短联结法和最长联结法之间。平均联结法中的加权平均联结法赋予每一聚类同等权数，对探测不等规模的聚类有更好的效果，基于连续变量测量观测案例之间相异性测量指标通常包括欧式距离（L2）、绝对值聚类（L1）、最大值距离（Linfinity）和相关系数相似性测量（Correlation）等方法。通过各种测量方法的对比，此处采用加权平均联接法和绝对值

第5章 家庭农场适度规模经营的实证研究：以山西省南部为例

距离（L1），从视图上更益于观察聚类情况。

由于观测数值大，采用 cutnumber（100）选项形成从只有100个组开始的系统树图，使用 cutvalue（1）选项仅显示相异性高于1的聚类，为了便于实证分析，此处考虑顶部相异性高于2的两个组：

第一类家庭农场共有 N_1 = G1 + G2 + G3 + G4 + G5 + G6 = 64 个，第二类家庭农场共有 N_2 = G7 + G8 + G9 + G10 + G11 + G12 + G13 = 45 个。L1wav 聚类分析后分别找到不同类下对应的家庭农场，作进一步的分析和实证研究。运用 Stata14.0 对109 个家庭农场的经济绩效和经营潜能作聚类分析，结果如图5-1所示。

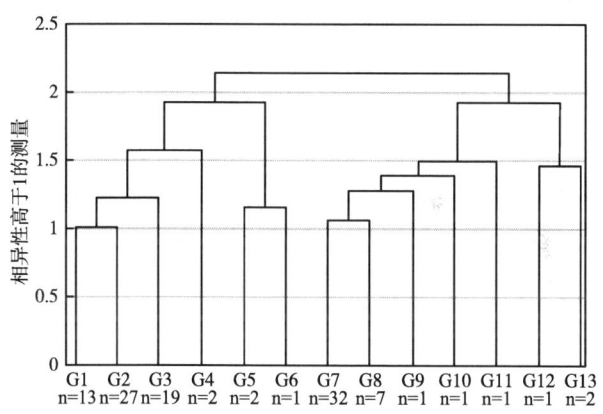

图 5-1 家庭农场聚类分析

首先，分析两类家庭农场的经济绩效。表5-6显示第一类家庭农场的劳动生产率指标均值5.0735 万元/人，略小于第二类家庭农场的该指标均值7.3042 万元/人，这可能是由于第一类家庭农场的劳动力单位面积投入的增加比率明显大于家庭农场总产值单位面积增加的比率造成的,较多的短期雇工劳动力投入并没有带来与之对应的较高经济收益,得出的劳动生产率就会偏小,这一分析在"劳动投入生产要素所占份额较高"的结论处印证;第一类家庭农场的土地产出率和成本费用利润率均值分别为 0.4472 万元/人和 2.7275%,稍高于第二类同等指标的 0.3491 万元/人和 1.8410%,这可能是由于第一类家庭农场的经营面积较小,相应的成本费用也较小的原因。综上所述,第一类家庭农场的经营规模较小,经济绩效在土地产出率和成本费用利润率指标上表现较好,但劳动生产率水平指标明显低于第二类家庭农场相同指标。

其次,分析两类家庭农场的经营潜能。第一类家庭农场的农场主最高学历为高中和中专水平,59 个家庭农场主学历为初中以下水平,最高学历为高中和中专水平的仅为 5 人,仅占该类总人数的 7.81%;第二类家庭农场的农场主学历较高,具有高中及中专以上学历的有 42 人,占该类总人数的 93.33%。两类家庭农场的家庭劳动力人数相差不大,平均为 3 人,但家庭农场的经营面积相差非常大,第一类家庭农场的经营面积介于 1.33~9.73 公顷,平均值为 2.776 公顷,土地经营面积较小,第二类家庭农场的经营面积介于 1.4~24.8 公顷,均值为 7.31 公顷,土地经营面积较大。总体上,第二类家庭农场在经营潜能的三个指标上均大于第一类家庭农场,第二类家庭农场的经营潜力较大。

表 5-7 统计了这两类家庭农场的其他相关数据,用来进一步剖析两类家庭农场的其他经营特征。

第5章 家庭农场适度规模经营的实证研究：以山西省南部为例

表5-6　两类家庭农场聚类指标分析

指标		第一类家庭农场				第二类家庭农场			
		数量（个）	均值	标准差	最小值	最大值	数量（个）	均值	标准差	最小值	最大值
经济绩效	劳动生产率（万元/人）	64	5.0735	3.4864	1.3714	21.5611	45	7.3024	7.5964	1.1807	34
	土地产出率（万元/公顷）	64	6.7080	3.4875	1.2855	15.6525	45	5.2365	2.9625	0.9120	11.1105
	成本费用利润率（%）	64	2.7275	2.4564	0.1071	14	45	1.8410	1.1578	0.2308	4.4444
经营潜能	文化程度（取值1,2,3,4）	64	1.0781	0.2705	1	2	45	2.0667	0.4954	1	4
	家庭劳动力人数（人）	64	3.1406	1.1250	1	6	45	3.2000	1.148	2	8
	家庭农场经营面积（公顷）	64	2.7760	1.8203	1.3333	9.7333	45	7.3081	6.7487	1.4	24.8

资料来源：通过调研数据及"山西省家庭农场信息管理系统"数据整理所得。

家庭农场的规模经济与适度规模经营研究

表5-7 两类家庭农场其他相关数据的描述性分析

指标	第一类家庭农场					第二类家庭农场				
	数量（个）	均值	标准差	最小值	最大值	数量（个）	均值	标准差	最小值	最大值
长期雇工人数（人）	64	0.2031	0.5957	0	3	45	0.7111	1.3250	0	7
短期雇工人数（人）	64	5.1875	19.6402	0	150	45	11.4889	20.0824	0	110
家庭承包面积（公顷）	64	0.6556	0.3451	0.12	2	45	0.7733	0.4423	0.2	2
流转面积（公顷）	64	1.3337	1.6471	0	6.6667	45	4.5822	6.3745	0	24.4433
其他承包面积（公顷）	64	1.0734	0.7113	0	9.4	45	1.9511	4.0799	0	20
投入总成本（万元）	64	6.2853	7.4923	0.7	45	45	12.4927	13.4346	1.32	65
农产品总值（万元）	64	16.1014	10.6698	4.5	60	45	29.3338	28.0739	4.8	120

资料来源：通过调研数据及"山西省家庭农场信息管理系统"数据整理所得。

第一类家庭农场的长期雇工人数最多仅为3人,短期雇工人数介于0~150人,平均为5人。第二类家庭农场的长期雇工人数最多为7人,短期雇工人数平均为11人,数值介于0~110人,可见两类家庭农场均以短期雇工为主,第二类家庭农场的长期雇工平均人数高于第一类家庭农场。两类家庭农场的家庭承包经营总面积差距不大,基本介于0.12~2公顷,第二类家庭农场的土地流转面积均值和其他承包面积均值明显大于第一类家庭农场,分别为4.58公顷和1.95公顷,说明第二类家庭流转面积和其他承包经营面积均比第一类大。由于两类家庭农场的经营总面积数值差异较大,在投入总成本和农产品产值上也存在明显差异。

5.1.3 果蔬类家庭农场的适度规模经营

5.1.3.1 超越对数成本函数的模型设定

超越对数成本函数(Translog Cost Function)是由克里斯坦森(1973)提出,后经修正由菲斯(1978)等改进,该函数不仅适用于两种投入产出,也可延伸到多投入产出的模型中使用,它是一种易于估计和包容性很强的成本函数,相对其他成本函数具有灵活性,不要求对生产结构有严格限制,仅要求成本对价格是线性齐次的。

模型结构为 $C(y, w)$,其中 y 为产出,w 为投入要素。成本函数对投入价格是线性齐次的,这个性质只有在对参数的线性约束成立的条件下才能被超越对数成本函数模型满足,其中 $\gamma_{ik} = \gamma_{ki}$,$\delta_i = \delta_j$,$\varepsilon_{kh} = \varepsilon_{hk}$。随后,克里斯坦森(1973,1976)

和菲斯（1978）函数经过对一般对数线性成本函数特定点的泰勒级数展开得到：

$$\ln C = \alpha_0 + \sum_{i=1}^{m} \alpha_i \ln Y_i + \sum_{k=1}^{n} \beta_k \ln W_k + \sum_{i=1}^{m} \sum_{k=1}^{n} \gamma_{ik} \ln Y_i \ln W_k$$

$$+ \frac{1}{2} \sum_{i=1}^{m} \sum_{j=1}^{m} \delta_{ij} \ln Y_i \ln Y_j + \sum_{k=1}^{n} \sum_{h=1}^{n} \varepsilon_{kh} \ln W_k \ln W_h \quad (5-1)$$

对投入价格求偏导得出 W_k 的份额方程：

$$\frac{\partial \ln C}{\partial \ln W_K} = \beta_K + \sum_{i=1}^{m} \gamma_{ik} \ln Y_i + \sum_{h=1}^{n} \varepsilon_{kh} \ln W_h \quad (5-2)$$

规模收益为：

$$\frac{\partial \ln C}{\partial \ln Y} = \alpha_i + \sum_{j=1}^{m} \delta_{ij} \ln Y_j + \sum_{k=1}^{n} \gamma_{ik} \ln W_k \quad (5-3)$$

对偶条件要求成本函数对价格是线性齐次的，即：

$$\sum_{k=1}^{n} \beta_k = 1, \sum_{k=1}^{n} \sum_{h=1}^{n} \varepsilon_{kh} = 0, \sum_{i=1}^{m} \sum_{k=1}^{n} \gamma_{ik} = 0 \quad (5-4)$$

各变量的概念和具体内容如下：

（1）总成本 C 为家庭农场生产经营总成本，总成本包括固定成本和可变成本，固定成本主要指每年的土地流转费、承包费、税费和固定资产折旧等，由于机械设备采购支出花费较大，绝大部分家庭农场用车、收割机、农用水泵和耕机的使用主要靠租赁，因此相应的折旧支出部分忽略不计，可变成本包括劳动力投入、生产资料购买等花费。

（2）定义总产出 Y 为年销售农产品总值（万元）。

（3）R 为家庭农场的经营总面积（包括家庭承包经营面积、流转和其他承包土地面积）。

（4）W_1、W_2 和 W_3 分别为劳动价格、资本价格和土地价格，其中劳动力价格 W_1 以"标准劳动日"为计量单位，劳动力成本包括家庭劳动力用工折价和雇工费用，劳动力用工折价采用全年家庭劳动日工价推算，家庭劳动日工价＝本地上年农村居民纯收入×(本地上年乡村人口数÷本地上年农村从业人员数)÷全年劳动天数（365 天）(国家发展和改革委员会价格司，2005)，根据 2016 年发布的《2015 山西省统计年鉴》可以查到山西省 2014 年农村居民纯收入为 8809.44 元，人口数为 6789 人，从业人口数为 4143 人，得到山西省家庭劳动日工价约为 14.73 元/天。

家庭农场的雇工情况分别有同时具有长、短期雇工、既没有长期也没有短期雇工、有长期雇工没有短期雇工和有短期雇工没有长期雇工四种情况，劳动价格根据不同情况计算结果也不相同，长、短期雇工支出的相关数据可以从调研数据中直接获取；资本价格 W_2 采用分摊到每个家庭农场总经营面积上的资本投入成本进行核算，资本指生产过程中为生产该产品而发生的全部资本和实物支出（许庆等，2011），主要包括生产经营中购买化肥、农药、种子和农膜费及购买大型设备和机耕机播费等，由于绝大部分农户没有大型固定资产，相应的支出部分忽略不计；土地价格 W_3 的计算采用一般土地价格公式，即土地价格＝土地收益率÷利息率，利息率参考我国的 2015～2016 年银行的基准利率水平。

此外，引入五个控制变量，其中 $Degree$ 为虚拟变量，取值 1、2、3、4 分别代表不同的学历水平，用以代表农户的学习能力；因为种植用地主要来自土地流转和其他承包经营，所以选取 $Contract$1 和 $Contract$2 分别代表土地流转和其他承包面积占总经营面积的比例；*IfSEmp* 和 *IfLEmp* 分别代表是否雇佣短期雇工和是否雇佣长期雇工，用以代表农场的雇工劳动力投入结构。展开的超越对数成本函数如下：

$$\begin{aligned}\ln C = & \alpha_0 + \alpha_Y \ln Y + \beta_L \ln W_1 + \beta_K \ln W_2 + \beta_H \ln W_3 + \delta_R \ln R \\ & + \frac{1}{2}\alpha_{YY}\ln Y\ln Y + \frac{1}{2}\varepsilon_{LL}\ln W_1 \ln W_1 + \frac{1}{2}\varepsilon_{KK}\ln W_2 \ln W_2 \\ & + \frac{1}{2}\varepsilon_{HH}\ln W_3 \ln W_3 + \frac{1}{2}\delta_{RR}\ln R\ln R + \gamma_{YL}\ln Y\ln W_1 \\ & + \gamma_{YK}\ln Y\ln W_2 + \gamma_{YH}\ln Y\ln W_3 + \gamma_{YR}\ln Y\ln R \\ & + \varepsilon_{LK}\ln W_1 \ln W_2 + \varepsilon_{LH}\ln W_1 \ln W_3 + \varepsilon_{KH}\ln W_2 \ln W_3 \\ & + \gamma_{LR}\ln W_1 \ln R_3 + \gamma_{KR}\ln W_2 \ln R + \gamma_{HR}\ln W_3 \ln R \\ & + \theta_1 Degree + \theta_2 Contract1 + \theta_3 Contract2 \\ & + \theta_4 IfSEmp + \theta_5 IfLEmp \end{aligned} \quad (5-5)$$

对 $\ln W_1$、$\ln W_2$ 和 $\ln W_3$ 求偏导，得到各种投入要素的份额方程：

$$\frac{\partial \ln C}{\partial \ln W_1} = \beta_L + \varepsilon_{LL}\ln W_1 + \gamma_{YL}\ln Y + \varepsilon_{LK}\ln W_2 + \varepsilon_{LH}\ln W_3 + \gamma_{LR}\ln R$$

$$(5-6)$$

$$\frac{\partial \ln C}{\partial \ln W_2} = \beta_K + \varepsilon_{KK}\ln W_2 + \gamma_{YK}\ln Y + \varepsilon_{LK}\ln W_1 + \varepsilon_{KH}\ln W_3 + \gamma_{KR}\ln R$$

$$(5-7)$$

$$\frac{\partial \ln C}{\partial \ln W_3} = \beta_H + \varepsilon_{HH}\ln W_3 + \gamma_{YH}\ln Y + \varepsilon_{LH}\ln W_1 + \varepsilon_{KH}\ln W_2 + \gamma_{HR}\ln R$$

$$(5-8)$$

超越对数成本函数的限制条件——对偶条件，要求成本对价格是线性齐次，可以减少 6 个代估参数，增加模型的精确性：

$$\beta_L + \beta_K + \beta_H = 1; \varepsilon_{LL} + \varepsilon_{LK} + \varepsilon_{LH} = 0; \varepsilon_{LK} + \varepsilon_{KK} + \varepsilon_{KH} = 0;$$
$$\varepsilon_{LH} + \varepsilon_{KH} + \varepsilon_{HH} = 0; \gamma_{YL} + \varepsilon_{YK} + \varepsilon_{YH} = 0; \gamma_{RL} + \gamma_{RK} + \gamma_{RH} = 0$$

(5 - 9)

规模经济（Scale of Economies，SE）为：

$$\frac{\partial \ln C}{\partial \ln Y} = \alpha_Y + \alpha_{YY} \ln Y + \gamma_{YL} \ln W_1 + \gamma_{YK} \ln W_2 + \gamma_{YH} \ln W_3 + \gamma_{YR} \ln R$$

(5 - 10)

对 R 求偏导得出 SR 如下，表明总经营面积变化 1 单位带来成本的变化：

$$\frac{\partial \ln C}{\partial \ln R} = \delta_R + \delta_{RR} \ln R + \gamma_{YR} \ln Y + \gamma_{YL} \ln W_1 + \gamma_{YK} \ln W_2 + \gamma_{HR} \ln W_3$$

(5 - 11)

若 $SE<1$，即家庭农场存在规模经济，即家庭农场产出规模1%的变化会使总成本的变化小于1%；$SE>1$，表示家庭农场规模不经济，即总成本的变化快于家庭农场产出规模的变化；$SE=1$，表示规模经济不变，即家庭农场规模变化和其总成本的变化比率一致，存在规模经济的家庭农场可以通过扩大其规模达到成本有效性并节约总成本，反之亦然。如果 $SR<0$，表明扩大土地经营面积可以带来家庭农场经营成本的节约；$SR>0$，表明扩大土地经营面积无法节约家庭农场经营成本。

5.1.3.2 模型估计结果及适度规模经营面积

把式（5-9）带入式（5-5），运用Stata14.0进行超越对数成本函数回归,可以得出主要估计系数均显著(表 5-8),其余未列出系数可通过线性关系计算得出。两类家庭农场拟合优度分别为 99.47% 和 98.83%,模型的可解释程度较高,怀特检验 P 值分别为 0.5158 和 0.6128 均接受同方差假设,认为两个成本模型不存在异方差。

表 5-8　　　　　　　主要系数估计结果

符号	第一类家庭农场	第二类家庭农场
α_Y	1.2617*** (0.2793)	-0.4793** (0.8424)
δ_R	0.1682* (0.4156)	1.0066** (1.1633)
β_L	-0.0196* (0.1502)	-1.0611*** (0.7705)
β_K	0.6206** (0.4341)	1.2946* (0.9384)
α_{YY}	-0.1103*** (0.0111)	-0.2307*** (0.0563)
ε_{LK}	-0.0386** (0.0201)	-0.1869* (0.1088)
ε_{LH}	-0.0087* (0.0786)	0.3087* (0.2606)
ε_{KH}	0.0616 (0.0574)	0.0637* (0.2092)
δ_{RR}	0.0869** (0.0856)	0.0172** (0.2587)
γ_{YL}	0.02785*** (0.0679)	-0.1484** (0.2091)

续表

符号	第一类家庭农场	第二类家庭农场
γ_{YK}	-0.0296* (0.0413)	-0.3210** (0.1557)
γ_{YR}	-0.0759** (0.0441)	0.1676** (0,1443)
γ_{RL}	-0.0349 (0.0658)	0.1758 (0.2346)
γ_{RK}	0.0883 (0.0530)	0.3949** (0.1420)
θ_1	0.0035*** (0.0355)	0.0730* (0.0827)
θ_2	0.1488*** (0.0556)	0.1097 (0.1638)
θ_3	0.1659*** (0.0632)	0.1391 (0.1921)
θ_4	-0.2013 (0.1873)	-0.0878 (0.3093)
θ_5	0.0200 (0.1274)	0.2740* (0.2433)
α_0	2.6101** (1.7117)	5.4105* (2.9872)
样本量	64	45
系统 R^2	0.9947	0.9883

注：括号里表示稳健性标准误差；*** $p<0.01$，** $p<0.05$，* $p<0.1$。

第一类家庭农场的 Y 值和生产成本成正比，说明产出越大，总成本也越高。这可能是由于经营潜力较小的家庭农场经营面积较小，产出收益并不大，受资本投入和劳动力投入水平的制约，若扩大经营面积就需要投入较多物力和人力资本，导致经营成本的升高。劳动价格系数为负，说明提高劳动工资会提高劳动力的积极性和生产效率，降低经营成本，资本价格和土地价格的系数均为正，表明资本价格和土地价格越高，家庭农场的生产成本也越高。此外，学历越高，经营成本越高。调研发现学历较高的家庭农场主大多集中在第二类家庭农场中，农场经营面积较大说明他们偏好规模化经营，土地流转面积和承包经营面积越大，资本和劳动投入成本也会加大。还有一部分家庭农场主虽然耕种经验丰富，但学历较低，土地流转和承包经营面积并不大，这类农场主主要集中在第一类家庭农场中。土地流转和其他承包经营面积在总经营面积中所占比例的提高均会带来经营成本的上升，短期和长期雇工投入的影响虽然不显著，但从逻辑上揭示了雇工劳动比例的增加会提高劳动力投入成本。

第二类家庭农场的 Y 值和生产成本成反比，表明产出增加降低了经营成本，实现了规模经济。劳动价格系数、学历变化和第一类家庭农场一样。长期劳动力投入的系数为正且影响显著，表明长期雇工劳动比例增加对家庭农场的经营成本有同向变动的特征。

要素配置结构对农业适度规模经营有直接的影响（罗浩轩，2016）。分析各个投入要素的份额有利于考察劳动、资本和土地等要素的配置结构，挖掘深层次的问题。表5－9表明劳动、资本和土地投入要素所占的份额均值及两类家庭农场的 SE 均值和 SR 均值。

表 5-9　　　　　投入要素份额、SE 和 SR 均值

家庭农场 (均值)	W_1 份额	W_2 份额	W_3 份额	SE	SR
第一类	2.2789	0.9660	-0.1494	1.3464	-0.0491
第二类	0.0830	0.8484	0.0687	0.2096	-0.5767

通过对比可以发现：第一类家庭农场总体是规模不经济的（$SE_1 = 1.3464$），第二类家庭农场的经营潜力较大，全部实现了规模经济（$SE_2 = 0.2096$）。表明经济绩效相对较好但未必能实现规模经济，而实现规模经济也不一定就具有良好的经济绩效，是否实现规模经济可以体现内部生产效率的最大化，可以保证长期生产的平均成本最低，而不能保证家庭农场的经济绩效最好。这是因为经济绩效的优劣是通过对各个投入要素的投入产出比分别考量，而规模经济体现的是单位总成本对单位总产出变动的弹性，若总投入要素成本中某一要素成本所占份额较大，就会影响成本产出弹性，此时就会出现家庭农场经济效益相对较好，但却没有实现规模经济。很多研究学者也认为小农没有规模化经营，但更容易实现经济绩效，认为大的家庭农场的单位土地净收入，要远低于小规模家庭农场，关键差别在于大农场租金和雇工成本较高（贺雪峰，2013）。美国的农场虽然实现规模化经营，但是其经济绩效并不好（黄宗智，2014）。

在第一类家庭农场的各个生产投入要素中，劳动仍然是家庭农场生产经营中最为重要的生产资料，土地所占份额均值为负数，这是由于劳动对家庭农场的成本份额为 2.2789，其他变量与劳动高度相关，使其在生产经营中的重要性很难从劳动投入中分离出来，较大程度受劳动投入的约束，劳动投入要素

所占的成本份额较高是导致第一类家庭农场没有实现规模经济的主要原因。第二类家庭农场的资本投入要素所占份额高于其他两个要素,这是由于在规模经营的条件下,物质资料的投入需求增加,机械化程度提高。第一类和第二类家庭农场的 SR 值均为负,说明扩大土地经营面积均可带来生产经营成本上的节约(图 5-2)。

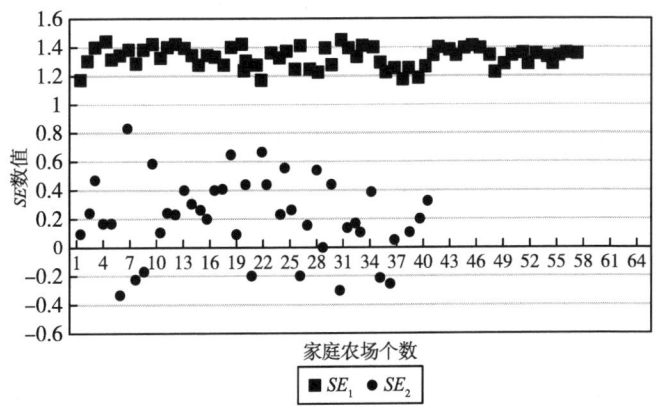

图 5-2 两类家庭农场规模经济数值

5.2 种植类家庭农场的适度规模经营

5.2.1 数据分析

选取玉米、杂粮类和小麦类作为种植业的代表,分别研究

第5章 家庭农场适度规模经营的实证研究：以山西省南部为例

这两类家庭农场的规模经济和适度规模经营面积，共涉及 2014~2015 年玉米、杂粮类家庭农场年 23 个，小麦类家庭农场 53 个，涉及县市共包括运城盐湖区 11 个、永济市 9 个，垣曲县 5 个，平陆县 9 个、绛县 2 个、新绛县 6 个、万荣县 6 个，夏县 5 个、临猗县 3 个、河津市 2 个、芮城县 6 个、稷山县 6 个和闻喜县 6 个（表 5-10）。

表 5-10　　　　　家庭农场调研县市分布

	县区市	盐湖区	垣曲县	平陆县	绛县	闻喜县	河津市
玉米、杂粮类	数量（个）	3	2	1	2	5	2
	县区市	芮城县	夏县	临猗县	—	—	—
	数量（个）	2	4	2	—	—	—
小麦类	县区市	盐湖区	永济市	平陆县	芮城县	新绛县	垣曲县
	数量（个）	8	9	8	4	6	3
	县区市	万荣县	夏县	临猗县	稷山县	闻喜县	—
	数量（个）	6	1	1	6	1	—

资料来源：通过调研县区市数据统计所得。

玉米、杂粮类和小麦类家庭农场的基本情况和调研问卷中涉及的主要测算数据如表 5-11 所示。其中，玉米、杂粮类家庭农场的家庭总人口数为 2 人或 3 人，农场主全部为男性，家庭劳动力人数为 2~7 人，平均约为 4~5 人。文化程度采用分值法计数，小学学历得 1 分，初中或中专学历得 2 分，高中学历得 3 分，本科或大专学历得 4 分，所有农场主的教育学历都在初中或高中学历，没有小学学历，具有初中学历的有 12 个农场主，占总数的 52.17%，其余 11 个农场主学历为高中，占总数的 47.83%，没有大专或者本科学历，文化程度越高，

家庭农场的规模经济与适度规模经营研究

表 5-11 种植类家庭农场情况说明

统计指标	玉米、杂粮类家庭农场					小麦类家庭农场				
	数量(个)	均值	标准差	最小值	最大值	数量(个)	均值	标准差	最小值	最大值
文化程度(取值 1~4 分)	23	2.478	0.511	2	3	53	2.377	0.627	1	4
家庭人口(人)	23	4.435	1.308	2	7	53	4.264	1.583	2	10
家庭劳动力人数(人)	23	3.130	1.290	1	5	53	3.132	1.110	1	6
长期雇工人数(人)	23	0.957	1.107	0	4	53	0.604	1.007	0	5
短期雇工人数(人)	23	11.957	37.552	0	182	53	4.793	8.567	0	50
经营总面积(公顷)	23	10.064	18.161	6.667	24.733	53	9.683	27.111	3.467	41.467
家庭承包面积(公顷)	23	0.969	9.395	0.300	2.333	53	1.066	2.462	0.200	8
流转面积(公顷)	23	4.998	14.271	0	20.793	53	6.120	20.763	0	35.467
其他承包面积(公顷)	23	4.097	11.115	0	15.867	53	2.494	29.002	0	40.447
涉农农户数(个)	23	11.261	22.871	0	37	53	16.849	32.057	0	160
农业生产投入(万元)	23	7.122	4.736	0.660	20	53	9.217	12.457	0	67
年销售总值(万元)	23	18.240	7.909	6	40	53	20.345	18.419	3	90
纯收入(万元)	23	8.0143	4.387	1.500	18	53	8.025	4.213	1	28

资料来源:由调研数据整理所得。

第5章 家庭农场适度规模经营的实证研究：以山西省南部为例

表明学习新思想和农业技术的能力越强。仅有长期雇工的家庭农场为4个，仅有短期雇工的家庭农场为4个，既有长期雇工又有短期雇工的家庭农场共有9个，没有长期雇工人数也没有短期雇工人数的有6个，可见大部分玉米、杂粮类家庭农场都是以家庭劳动力经营和雇工为主。家庭农场经营总面积最小为6.667公顷，最大为24.733公顷，均值约为10.0634公顷，其中家庭承包面积均值为0.969公顷，介于0.3~2.333公顷；流转面积均值最大值为220.793公顷，均值为4.998公顷，其他承包面积最大值为238亩15.867公顷，均值为4.097公顷，表明家庭农场土地经营主要以流转土地为主，其他承包土地次之。在流转承包过程中共涉及农户数0~37户，平均为11户左右。农业生产投入成本在0.66万~20万元，年销售总值在6万~40万元，纯收入介于1.5万~18万元，三个变量的均值分别为7.1221万元、18.2404万元和8.0143万元。调研发现仅有5个家庭农场没有工商注册标志，大部分家庭农场都有工商注册标志，表明农户的商业保护意识较强。

小麦家庭农场的调研情况显示，种植小麦的家庭总人口数为2~10人，农场主全部为男性，家庭劳动力人数在1~6人，平均约为3人。文化程度各不相同，家庭农场主学历具有小学和本科学历的各有2个，分别占总人数的3.77%，表明教育学历水平两级分化水平很低；31个农场主具有初中或中专学历，占总数的58.49%；18个农场主学历为高中，占总数的33.96%，文化程度越低，表明学习新思想和农业技术的能力越弱，大部分农场主的学历都是初中水平，文化程度偏低。仅有长期雇工的家庭农场为6个，仅有短期雇工的家庭农场为19个，既有长期雇工又有短期雇工的家庭农场共有12个，没有长期雇工人数也没有短期雇工人数的有16个，可见大部分小麦类家庭农场都是以家庭劳动力经营和短期雇工为主。农场经营总面积最小为3.467公顷，最大为41.467公顷，均值约为9.683公顷，其中家庭承包面积均值为1.066亩，介于0.2~8公顷；流转面积均值最大值为35.467公顷，均值为6.120公顷，其他承包面积最大值为40.447公顷，均值为2.494公顷，流转面积均值大于其他承包经营面积均值，表明家庭农场土地经营主要以流转土地为主。在流转承包过程中共涉及农户数0~160户，平均为16户左右。农业生产投入成本为0~67万元，不同家庭农场的投入基数差异较大，年销售总值为3万元~90万元，纯收入介于1万~28万元，三个变量的均值分别为9.2166万元、20.3445万元和8.0251万元，小麦类家庭农场的投入多数大于玉米、杂粮类家庭农场的生产投入，但其平均净利润并没有随着投入成本的加大而提高，反而两者的净利润差别并不大，均在8万元左右。调研发现家庭农场都有工商注册标志的有3个。

5.2.2 种植类家庭农场的适度规模经营

引入2个控制变量，其中Degree为虚拟变量，取值1、2、3、4分别代表不同的学历水平，用以代表农户的学习能力；*Ifmark*代表是否获得工商注册标志。展开的超越对数成本函数如下：

第5章 家庭农场适度规模经营的实证研究：以山西省南部为例

$$\ln C = \alpha_0 + \alpha_Y \ln Y + \beta_L \ln W_1 + \beta_K \ln W_2 + \beta_H \ln W_3 + \delta_R \ln R$$

$$+ \frac{1}{2}\alpha_{YY}\ln Y \ln Y + \frac{1}{2}\varepsilon_{LL}\ln W_1 \ln W_1 + \frac{1}{2}\varepsilon_{KK}\ln W_2 \ln W_2$$

$$+ \frac{1}{2}\varepsilon_{HH}\ln W_3 \ln W_3 + \frac{1}{2}\delta_{RR}\ln R \ln R + \gamma_{YL}\ln Y \ln W_1$$

$$+ \gamma_{YK}\ln Y \ln W_2 + \gamma_{YH}\ln Y \ln W_3 + \gamma_{YR}\ln Y \ln R$$

$$+ \varepsilon_{LK}\ln W_1 \ln W_2 + \varepsilon_{LH}\ln W_1 \ln W_3 + \varepsilon_{KH}\ln W_2 \ln W_3$$

$$+ \gamma_{LR}\ln W_1 \ln R_3 + \gamma_{KR}\ln W_2 \ln R + \gamma_{HR}\ln W_3 \ln R$$

$$+ \theta_1 Degree + \theta_2 Ifmark \qquad (5-12)$$

模型估计结果及适度规模经营面积如表5-12所示。运用Stata14.0进行超越对数成本函数回归，可以得出主要估计系数均显著，其余未列出系数可通过线性关系计算得出。两类家庭农场拟合优度分别为98.55%和98.35%，模型的可解释程度较高，怀特检验P值分别为0.2916和0.3475均接受同方差假设，认为两个成本模型不存在异方差。

表5-12　　　　　主要系数估计结果

符号	玉米、杂粮类家庭农场	小麦类家庭农场
α_Y	3.4286 ** (3.3618)	1.9622 ** (0.8294
δ_R	0.1884 ** (7.2791)	-1.9001 *** (1.2543)
β_L	-1.5843 *** (1.1311)	0.1436 * (0.2758)
β_K	-1.2509 ** (2.1385)	-1.4280 *** (0.3911)
α_{YY}	-0.1969 * (0.5500)	0.0386 * (0.1842)

续表

符号	玉米、杂粮类家庭农场	小麦类家庭农场
ε_{LK}	-0.1012** (0.1797)	0.0218* (0.0330)
ε_{LH}	0.1327 (0.4409)	-0.2512** (0.1048)
ε_{KH}	0.0192* (0.4063)	0.5555*** (0.0236)
δ_{RR}	0.6227** (1.9175)	0.3835* (0.3367)
γ_{YL}	0.1001*** (0.3721)	0.2023** (0.1141)
γ_{YK}	0.0253* (0.3380)	0.0361 (0.1297)
γ_{YR}	-0.4164** (0.7566)	-0.2503** (0.1813)
γ_{RL}	0.1957 (0.2505)	-0.1799* (0.1348)
γ_{RK}	0.5329** (0.3991)	-0.1928** (0.1464)
θ_1	0.0390 (0.0909)	-0.1068** (0.0481)
θ_2	0.0050* (0.1488)	0.2666* (0.1410)
α_0	-3.5861** (14.5337)	0.7170** (2.5043)
样本量	23	53
系统 R^2	0.9855	0.9835

注：括号里表示稳健性标准误差；*** $p<0.01$，** $p<0.05$，* $p<0.1$。

玉米、杂粮家庭农场的 Y 值和生产成本成正比，说明产出越大，总成本也越高，这是由于随着经营面积的增大，产出增加，相应的投入生产等成本也会变大。劳动价格系数为负，说明提高劳动工资会提高劳动力的积极性和生产效率，降低经营成本。资本价格的系数为负，增加资本成本会带来家庭农场成本的降低，说明生产资料的质量高低决定着家庭农场的产出收益，机械化生产有利于节约成本。此外，学历对成本的影响不显著，调研发现经营这类农作物的家庭农场主的学历普遍不高，都集中在初中和高中水平，学历差别不大。是否有工商标志对经营成本有一定影响。

小麦类家庭农场的 Y 值和生产成本成正比，表明产出增加加大了经营成本。劳动价格系数为正，说明劳动价格的增加会加大经营成本，这可能是由于在这一类家庭农场中，劳动要素投入的比重较大，说明劳动力支出占总支出的比重也较大。资本价格的系数为负，说明增加资本成本会使农场经营成本降低。学历对成本的影响显著，关系系数为负，表明教育学历越高，在经营过程中越会带来成本的节约。

要素配置结构对农业适度规模经营有直接的影响（罗浩轩，2016），分析各个投入要素的份额有利于考察劳动、资本和土地等要素的配置结构，挖掘深层次的问题。表 5 – 13 表明劳动、资本和土地投入要素所占的份额均值 SR 及玉米、杂粮类和小麦类家庭农场的规模经济 SE 均值。通过表 5 – 13 对比可以发现：玉米、杂粮类家庭农场是轻微规模不经济的，SE 值为 1.3328，图 5 – 3 可见规模经济数值小于 1 的家庭农场为 5 个（$SE_1 < 1$），均实现了规模经济，经营总面积介于 12 ~ 324.7333 公顷，取其均值，认为该类家庭农场的最适经营面积约为 17.32 公顷，在各种生产投入要素中，资本投入是家庭农

场生产经营中最为重要的生产资料,所占成本份额比例最大,其值为 0.7781,劳动要素所占的份额为 0.1295,土地投入要素所占份额为 0.0924,说明劳动和土地要素投入相对资本投入要素所占比重较低。小麦类家庭农场总体上是规模不经济的,SE 值为 1.9823,其中,实现规模经济的农场有 11 个($SE_2 < 1$),经营总面积为 0.452~11.067 公顷,最适经营面积约为 7.733 公顷。资本投入要素所占份额也高于其他两个要素投入所占的份额,表明资本投入所占成本比例较大。玉米、杂粮类和小麦类家庭农场的 SR 值均为负,说明扩大土地经营面积均可带来生产经营成本上的节约。

表 5-13　　家庭农场投入要素份额、SE 和 SR 均值

经营种类	W_1份额（均值）	W_2份额（均值）	W_3份额（均值）	SE（均值）	SR（均值）
玉米、杂粮类	0.1295	0.7781	0.0924	1.3328	-0.2772
小麦类	0.2100	0.7512	0.0388	1.9823	-0.1449

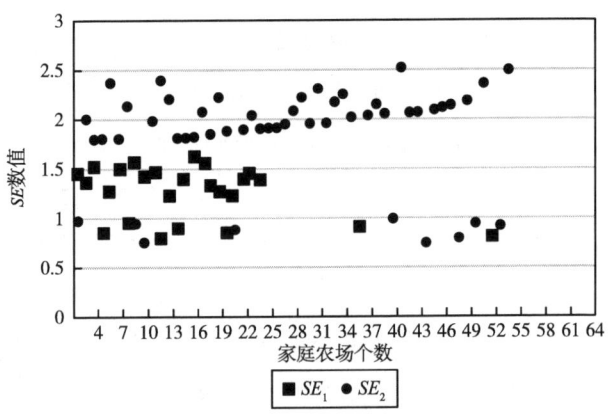

图 5-3　家庭农场规模经济数值

5.3 家庭农场的进入边界：以水果类家庭农场为例

5.3.1 数据获取及分析

调研数据来源于实地调研，共涉及水果类家庭农场 2015~2016 年 100 家，涉及地区包括平陆县 29 个、运城市盐湖区 23 个、永济市 22 个、绛县 8 个、夏县 7 个、临猗县 4 个、新绛县 4 个、芮城县 2 个、稷山县 1 个（图 5-4）。选择果蔬类家庭农场进行调研的原因是其经营类别、成本结构、技术水平及经营模式相似，能更科学地预测适度经营规模，水果家庭农场经营小类主要涉及苹果、梨等。

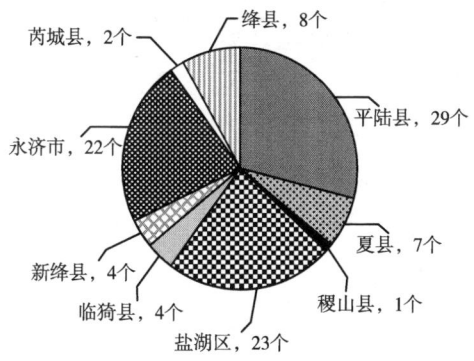

图 5-4 家庭农场调研县市分布

5.3.1.1 调研样本基本经营情况

在100个家庭农场中,农场主全部为男性,年龄主要在26~66岁,家庭总人口数在1~9人,平均每个家庭农场人口约为4人,农场主平均受教育年限为9年,初中毕业人数占51%,具有中专及高中学历的占37%,小学及以下占3%,大专及本科的占4%(表5-14)。创建家庭农场前,超过50%的家庭农场主有过农业劳动经验,还有40%左右的农场主是从兼职务工或其他形式转变成的专职家庭农场主,仅有4个家庭农场进行了商标注册,没有一个家庭农场经过品牌认证。

表5-14　　　　　　　家庭农场主基本情况

指标	观察值	中值	标准差	最小值	最大值
受教育年限(年)	100	9	2.3716	0	16
家庭人口(人)	100	4.56	1.4377	1	9
劳动力年龄(岁)	100	46	6.7825	66	26

资料来源:通过调研数据整理所得。

5.3.1.2 土地要素投入特征分析

调查资料显示,在100个水果家庭农场中,土地全部采用集中经营的模式。家庭农户的总经营面积为1.333~21.933公顷,平均总经营面积为4.329公顷。总经营面积由家庭农场主自有承包经营面积、土地流转面积和其他承包经营面积(四荒地、水面、草地等)组成,由表5-15可见,家庭承包经营面积较小,仅为0.12~2公顷,土地流转是家庭农场获取土地的主要途径，流转面积均值达到2.303公顷，其他承包面积均值为1.313公顷，在家庭农场成立前后，种植作物的面积变化比重相对较大（表5-15）。

表5-15　　家庭农场土地投入要素描述性分析　　单位：公顷

指标	观察值	中值	标准差	最小值	最大值
总经营面积	100	4.329	4.602	1.333	21.933
承包经营面积	100	0.712	0.392	0.120	2.000
流转面积	100	2.303	3.842	0.000	20.733
其他承包面积	100	1.313	3.062	0.000	20.000

资料来源：通过调研数据整理所得。

家庭农场经营规模情况显示（表5-16），总经营面积小于3.333公顷的占60%，3.333~6.667公顷的占21%，表明家庭农场在我国刚处于起步阶段，受机械化程度、经营成本及劳动力综合能力水平等因素的影响，普遍经营规模不大。家庭承包经营面积普遍为0.333~1.333公顷，多数介于0.667~1.333公顷，占总户数的45%，原有承包面积较小；无流转面积的户数占总户数的25%，土地流转面积主要集中在3.333公顷以下，流转面积为0.067~3.333公顷的家庭农场占总户数的54%，其中流转面积在3.333公顷以上的仅占21%，流转面积大于20公顷的仅为2户；其他承包面积包括四荒地、水面和草地的租赁，受水果种植的天然耕地要求和其他土地承包类型推广程度的影响，63%的家庭农场没有承包此类土地，大多数家庭农场的承包公顷数均在3.333公顷以下，占总户数的24%。从样本平均水平上看，土地要素投入呈现出家庭农场经营面积普遍在 1.333 公顷以下,规模较小,主要以流转面积为主,流转公顷数集中在 3.333 公顷以下,少数农户的经营面积来源于四荒地、水面和草地,家庭农场总体土地经营规模不大的特征。

表 5-16　　　　　　家庭农场经营规模情况

耕地类别	经营面积 H(公顷)	数量(户)	占样本总数(%)
总经营面积	H < 3.333	60	60
	3.333 ≤ H ≤ 6.667	21	21
	6.667 < H ≤ 13.333	21	13
	13.333 < H ≤ 20	13	2
	> 20	23	4
承包经营面积	H1 < 0.333	11	11
	0.333 ≤ H1 ≤ 0.667	37	37
	0.667 < H1 ≤ 1.333	45	45
	1.333 < H1 ≤ 2	5	5
	H1 > 2	2	2
流转面积	无流转面积	25	25
	0.067 ≤ H2 ≤ 3.333	54	54
	3.333 < H2 ≤ 6.667	9	9
	6.667 < H2 ≤ 20	10	10
	H2 > 20	2	2
其他承包面积	无流转面积	63	63
	0.067 ≤ H3 ≤ 3.333	24	24
	3.333 < H3 ≤ 6.667	7	7
	6.667 < H3 ≤ 20	5	5
	H3 > 20	1	1

资料来源:通过调研数据整理所得。

5.3.1.3 劳动力要素投入特征分析

本次调查对家庭农场的劳动力情况和雇工情况进行分析（表5-17）。家庭农场的平均劳动力人数约为3人，占家庭人口总数的75%，平均1人不从事劳动的成员可能为老人或者小孩。从雇工人数上看，每年累计雇佣劳动力10人以下的占79%，10~49人的占16%，50~100人的占3%，100人以上的占2%；长期雇工人数为0的家庭农场占79%，说明绝大多数家庭农场没有长期雇工，仅有21%的家庭农场有长期雇工，且雇工人数为1~7人；雇工人数以短期雇工为主的家庭农场每年累计雇佣劳动力10人以下的占66%，10~49人的占16%，50~100人的占3%，100人以上的占2%；即没有长期雇工也没有短期雇工的家庭农场占36%，而两者雇工方式都有的家庭农场占13%，8%的家庭农场只有长期雇工，没有短期雇工，43%的家庭农场仅有短期雇工，没有长期雇工；雇工支出以短期雇工支出为主。雇工来源超过50%主要为本村人员，其次是亲友和外来人员。从样本平均水平看，家庭农场劳动力人数均为3人，以短期雇工人数为主，且短期雇工人数普遍低于10人，长期雇工人数不多于7人，可见，机械化水平较低和受经营规模制约，短期雇工和长期雇工占家庭农场的劳动力投入比重仍较高，家庭农场应以家庭成员经营为主，而不应成为雇工大户，这也是现如今家庭农场经营的主要问题之一。

表 5-17　　　　家庭农场劳动力要素投入情况

指标	中值	标准差	最小值	最大值	观察值
家庭劳动力人数（人）	100	3.14	1.1283	1	8
总雇工人数（人）	100	8.22	20.3746	0	150
长期雇工人数（人）	100	0.42	1.0267	0	7
长期雇工支出（万元）	100	0.5422	1.2889	0	7
短期雇工人数（人）	100	7.8	20.3465	0	150
短期雇工支出（万元）	100	1.0726	2.4899	0	15
涉农户数（户）	100	5.99	10.7238	5	54

资料来源：通过调研数据整理所得。

5.3.1.4　家庭农场资本要素投入特征分析

家庭农场每年的支出主要包括购买生产资料、购买设施机械、土地、雇工和水电费用等，资本要素投入包括购买生产资料的投入和购买设施机械的投入，100个家庭农场的生产投入总值均值为7.1335万元，最小值为0.7万元，最大值为50万元。58%的家庭农场农业生产投入总值小于5万元，说明大多数家庭农场主的生产投入总额不大，22%的农场主生产投入总额为5万～10万元，超过10万元的农业生产投入占总户数的20%（表5-18）。说明由于资金限制或者规模限制等原因，农场主没有能力或者没有必要进行大规模的资本要素投入。

表 5-18　　　　家庭农场资本要素投入情况

投资类别	资本要素投入 K（万元）	数量（户）	占样本总数（%）
农业生产投入总值	K < 5	58	58
	5 ≤ K ≤ 10	22	22
	10 < K ≤ 20	12	12
	20 < K ≤ 50	8	8
	K > 50	0	0

资料来源：通过调研数据整理所得。

5.3.1.5 家庭农场的收益情况

100个家庭农场年销售总值均值为21.0721万元，其中最小值为4.5万元，最大值为120万元，25%的家庭农场收入小于10万元，50%的家庭农场销售总值介于10万~20万元，高于20万元的家庭农场占总数的25%；家庭农场净收入的均值为11.3357万元，最小值和最大值分别为1.5万元和80万元，52%的家庭农场净利润（可支配收入）介于5万~10万元，净收入大于10万元，小于等于20万元的家庭农场占比为22%，其次是净收入小于5万元的家庭农场占比为17%，净收入大于20万元的家庭农场占9%。根据统计年鉴，2015年山西人均可支配收入为1.7854万元，农村居民人均可支配收入分别为0.9454万元，城镇居民家庭人均可支配收入为2.5827万元，样本家庭农场平均家庭人口数为4人，超过一半的家庭农场人均净收入介于1.25万~2.25万元，大大超过山西人均可支配收入和农村居民可支配收入，但是没有达到城镇居民可支配收入水平，约33%的家庭农场人均净收入达到城镇居民家庭人均可支配收入（表5-19）。

表5-19　　　　家庭农场收益情况

收益类别	收入R（万元）	数量（户）	占样本总数（%）
家庭农场年销售总值	R<10	25	25
	10≤R≤20	50	50
	20<R≤50	16	16
	50<R≤100	8	8
	R>100	1	1
家庭农场净收入	R′<5	17	17
	5≤R′≤10	52	52
	10<R′≤20	22	22
	20<R′≤50	7	7
	R′>50	2	2

资料来源：通过调研数据整理所得。

5.3.2　"进入边界"及规模区间的推导与确定

5.3.2.1　分析原理及模型设定

因为兼业农场主不符合家庭农场的定义，所以不做考虑。根据机会成本的原理，判断家庭农场的适度规模边界主要考虑两种可能出现的情况：家庭农场主选择在城镇全职工作，放弃耕种或者农场主选择在农村经营家庭农场做全职农民。即假如存在农户在"全职务工"和"全职务农"二种选择中作出一种选择，并放弃其余两种可能的机会。

第一种选择为"全职务工"。一部分农户向往更高收入，主观会选择外出务工,放弃耕种,但若此时放弃耕种,由于农户的学习经历和区域差异、个体异质性的存在等原因,想要通过打工获得更高收入的难度也会加大,因此机会成本相对较高。

第二种选择是"全职务农"。由于存在"居住行为惯性",一部分农户难以适应城市生活,则趋向于留在农村经营家庭农场。因此,根据家庭农场耕种收益、外出务工收入和城镇居民工资水平等指标,可以从机会成本的视角探寻家庭农场的适度经营规模区间。

此分析需有一个假设前提:仅考虑城乡收入差距,忽视城乡红利差异。这种差异包括公共卫生、社会服务、医疗体系、教育教学和社会福利等由于城市与农村之间的服务差异带来的城乡人员的流动性偏好。

考虑农户在家庭劳动力非农机会收入和耕地经营所得之间权衡。假设每个家庭有 N 个劳动力,每个具有劳动能力的外出务工人员每年平均收入为 S_L,家庭劳动力外出务工总收入为 TS_L,公式如下:

$$TS_L = N \times S_L \tag{5-13}$$

假设农户经营家庭农场,每年每公顷的农地经营总收入为 R_H,包括土地流转、承包土地面积和其他承包土地面积在内,家庭人均 n 公顷使用权的情况下,全年家庭农场的耕种收入为 TR_H,公式如下:

$$TR_H = N \times n \times R_H \tag{5-14}$$

构建家庭农场经营总收入和外出务工收入均衡模型:

$$TS_L = TR_H \tag{5-15}$$

根据机会成本原理,即:

$$\min(n) = \frac{S_L}{R_H} \quad (5-16)$$

那么,每户家庭农场的最小必要经营规模模型为:

$$X_i = N \times \frac{S_L}{R_H} \quad (5-17)$$

中度规模区间和高度规模区间的推导机理类似。

5.3.2.2　家庭农场经营的"进入边界"及经营规模区间

首先,最小规模区间的确定可以通过家庭农场耕种所取得的最低收益不得低于外出务工的人均全年收入,在这种情况下,一些农户若外出务工的收入远远高于耕种收入,则会出现"全职务工"的情况,那么耕地就会出现抛荒、弃耕等行为,保护经营家庭农场的农户积极性的最小必要经营规模应保证经营者的年收入不低于外出务工工资收入。

调研数据得出家庭农场每人每亩收入均值为1341.92元/人/亩,国家统计局山西调查总队2015年农民工监测调查资料显示:山西省外出务工农民工月均工资达2790.0元/月,那么一年的收入为33480元。根据调研数据得出家庭农场每户平均劳动力人数为3人,每年每亩的农地经营收入平均为4025.75元,得出每户家庭农场的最小必要经营规模应为24.95亩/户。依据山西省农业厅认定家庭农场从事水果业的种植面积需达到20亩以上的规定,可得最小规模区间为[20, 24.95]亩/户,即[1.333, 1.663]公顷/户。

进入边界主要从经济成本与收益的角度测定家庭农场主从

第5章 家庭农场适度规模经营的实证研究：以山西省南部为例

事家庭农场的动力和意愿边界。对于家庭农场经营"进入边界"的认定，并没有采取通过和外出务工的人均全年收入对比得到，在调研访谈中发现，有一部分农户存在居住惯性，尤其是年龄大于35岁的农场主，不具备外出务工的积极性或者能力，这些农场主恋地，恋村，更愿留在农村经营家庭农场。基于此，考虑以山西省农村居民家庭全年收入作为经营家庭农场的"进入边界"更合理，即认为留在农村经营家庭农场的农户收入不得低于农村居民家庭人均全年总收入，根据山西省统计年鉴2015，山西省农村居民家庭人均全年总收入10767.8元，得出每户家庭农场最小规模区间"进入边界"为24.07亩/户，这个边界和农户外出务工所得的边界相差约为0.88亩/户，差异不大。

其次，在中度规模区间下农户农场经营收入已经达到城镇居民基本收入水平，经营收入若高于外出务工收入，家庭农场主就有了经营家庭农场的动力和基本的积极性，若在政府加大补贴和扶持力度的前提下，能够获得替代城镇居民基本收入水平相同的经济收入，经营家庭农场的积极性更高。中度规模区间的确定是比较家庭农场经营收入与城镇居民基本工资收入水平得到，从年鉴中获得城镇居民基本工资性收入人均全年收入为15623.72元，可得中度规模区间为[24.95，34.93]亩/户，即[1.663，2.329]公顷/户。

最后，高度规模区间是通过对比城镇居民人均总收入与家庭农场的收入比较确定的，即家庭农场主能够获得替代当地城镇居民收入水平相当的经营收入，城镇居民收入不仅包括工资性收入还包括经营性收入、财产性收入和转移性收入，山西省城镇居民人均全年总收入为26032.96元,得出高度规模区间为［34.93,58.2］亩/户,即［2.329,3.88］公顷/户（表5-20）。

表5-20　　　　家庭农场经营规模区间　　　　单位：公顷/户

规模分类	规模区间
最小规模区间	［1.333,1.663］
中度规模区间	［1.663,2.329］
高度规模区间	［2.329,3.88］

5.3.3　家庭农场最优经营规模的实证分析

5.3.3.1　模型推导的原理及构建

由于家庭农场的产出水平受到不同投入要素比例的制约,因此以家庭农场获取收益最大化为目标,研究投入劳动力的多少、经营面积的大小、农业生产投入要素（种子、农药、农膜、化肥等）的多少,以及各个投入生产要素是否充分利用等,可以为家庭农场主做出在各个生产要素的最佳投入的前提下实现效益最大化的经济决策提供判断依据。

数学家柯布（C. W. Cobb）和经济学家道格拉斯（Paul H. Douglas）提出的C-D生产函数可以模拟土地的投入和产出,C-D函数探究在技术水平不变的前提下,某一特定时期,各个生产要素的贡献能力变化,$Q = AL^{\alpha}K^{\beta}$,其中A为系数,α、β分别表述劳动和资本在生产投入中的贡献比,且两个参数有条件约束,即$\alpha > 0$,$\beta < 1$。生产函数可以模拟对土

第5章 家庭农场适度规模经营的实证研究：以山西省南部为例

地的投入、产出及投入产出之间的关系，推理如下：

总收益函数为：

$$TR = P \times Q - C \tag{5-18}$$

其中，TR 为总收益，P 为市场价格，Q 为销售数量，C 为生产成本。

生产函数为：

$$Q = AL^{\alpha} K^{\beta} H^{\gamma} \tag{5-19}$$

其中，α，β，γ 分别表示劳动、资本和土地的产出弹性。

成本函数为：

$$C = [(\omega \times L) + (\gamma \times K) + (\eta \times H)] \tag{5-20}$$

其中，ω、γ、η 分别表示劳动力工资、资本价格和土地地租。

将生产函数和成本函数代入总收益函数可得：

$$TR = P \times AL^{\alpha} K^{\beta} H^{\gamma} - [(\omega \times L) + (\gamma \times K) + (\eta \times H)] \tag{5-21}$$

总收益最大化的条件为：

$$\max(TR) = \max(P \times AL^{\alpha} K^{\beta} H^{\gamma} - [(\omega \times L) + (\gamma \times K) + (\eta \times H)]) \tag{5-22}$$

通过计算得出：

$$L = \frac{\alpha \times P \times Q}{\omega} \tag{5-23}$$

$$K = \frac{\beta \times P \times Q}{\gamma} \tag{5-24}$$

$$H = \frac{\gamma \times P \times Q}{\eta} \tag{5-25}$$

推导出均衡时期的劳动力最优平均耕地面积为：

$$\frac{H}{L} = \frac{\gamma}{\alpha} \times \frac{\omega}{\eta} \tag{5-26}$$

其中，H 为耕地面积，L 为劳动力人数，即劳动力平均耕地面积 =（土地产出弹性/劳动力产出弹性）×（劳动力工资/土地地租）。土地产出弹性 γ 和劳动力产出弹性 α 可由 C-D 函数两边取对数得出，公式如下：

$$\ln Q = \ln A + \alpha \ln L + \beta \ln K + \gamma \ln H \qquad (5-27)$$

ω、η、L、K、H 的数值可通过调研获得。

5.3.3.2　家庭农场的最优经营规模

家庭农场 C-D 生产函数的因变量为家庭农场产出总产量；自变量为从事家庭农场生产的劳动力人数（家庭劳动力人数和长、短期雇工人数），土地确定为耕种面积（家庭承包经营面积 + 流转面积 + 其他承包面积，其他承包面积包括四荒地、水面和草地等），资本确定为生产投入费用（购买生产资料、购买设施机械、灌溉水电费等）。

模型使用稳健标准误的方法进行统计，结果显示 R^2 = 0.7297，模型整体拟合较好。劳动力人数解释变量在 10% 的检验水平下显著，资本要素变量和常数项在 1% 的检验水平下显著，土地要素变量在 5% 的检验水平下显著（表 5-21）。怀特检验 P 值为 0.3736，结果接受同方差假设，表明模型不存在异方差，最大 VIF 为 2.04，远小于 10，模型不存在多重共线性，截面数据不存在"空间自相关"的溢出效应（表 5-22）。三个解释变量有较好的解释能力，可用于预测最优规模。

根据模型得出系数 α = 0.059752，γ = 0.143013，通过调研数据得出 ω = 4451 元/人/月，η = 36.667 元/公顷/年，将模型参数代入到推导出的劳动力最优平均耕地面积公式，得出劳

第5章 家庭农场适度规模经营的实证研究：以山西省南部为例

表 5-21　　　　山西省家庭农场适度规模测算

指标	系数	标准差	t 值	P 值
劳动力人数	0.059752	0.044883	1.33	0.096 *
资本	0.508319	0.043493	11.69	0.000 ***
耕种面积	0.143013	0.061958	2.31	0.023 **
常数	1.364944	0.207885	6.57	0.000 ***

注：其中，*** $p<0.01$，** $p<0.05$，* $p<0.1$。

表 5-22　　　　　　　　VIF 检验

指标	VIF 值	1/VIF
耕种面积	2.04	0.491226
资本	1.87	0.536096
劳动力人数	1.21	0.825809
VIF 中值	1.7	

动力人均家庭农场的最优规模为 1.291 公顷，以家庭劳动力平均人数为 3 人，户均家庭农场的最优规模应为 3.874 公顷。

第 6 章

结论和政策建议

6.1 果蔬类家庭农场的结论和建议

6.1.1 结论

通过对山西省 109 家果蔬类家庭农场进行聚类分析，构建超越对数成本函数估算其规模经济，研究家庭农场的适度规模经营问题。研究结论如下：

（1）用聚类分析的方法，采用经济绩效和经营潜能指标将山西省 109 个果蔬家庭农场划分为两类：第一类家庭农场共 64 个，第二类家庭农场共 45 个。样本家庭农场显示的特征包括：家庭劳动力人数平均为 3 人，家庭承包经营面积均介于 0~2 公顷，两类样本均呈现出家庭劳动力人数和家庭承包经营面积相差不大、且雇工主要是短期雇工的特征；学历较低的农场主注重耕种经验，经营较为保守，学历较高的农场主更偏好规模化经营，因此土地流转和其他承包经营的面积比第一类家庭农场要大。

（2）运用超越对数成本函数测定了两类家庭农场的规模经济。实证结果表明：第一类 64 个家庭农场经营规模较小，经济绩效中有两个指标大于第二类家庭农场，经济绩效相对较好，但经营潜能较差，并没有实现规模经济。这可能是由于第一类家庭农场的劳动投入要素所占成分份额较高造成的，因此应当适当减少雇工成本或者提高人均生产效率以便带来更多的产出收益，实现规模经济。第二类 45 个家庭农场经营规模普遍较大，经营潜能较好，全部实现了规模经济，说明样本家庭农场的经营面积较为合理，没有超度规模经营。适度经营规模平均为 7.27 公顷，流转面积和其他承包面积均值分别为 4.58 公顷和 1.95 公顷。

从家庭农场适度规模经营的研究实际出发，依据机会成本法，可以得到机会成本下家庭农场的进入边界、规模经营区间；构建投入产出 C－D 模型，通过变量选择和数据定量分析，研究水果家庭农场的最优经营规模。通过将家庭农场人均年经营收入分别和山西省外出务工农民工年均工资、农村居民家庭人均全年总收入、城镇居民基本工资性收入人均全年收入和城镇居民家庭人均收入对比，得出经营家庭农场的进入边界为 1.60 公顷/户，最小规模区间为 [1.333，1.66] 公顷/户，中度规模区间为 [1.66，2.33] 公顷/户，高度规模区间为 [2.33，3.88] 公顷/户。样本水果家庭农场的最优经营规模应为 3.87 公顷/户，调研数据显示家庭农场的实际户均经营规模平均值为 1.693 公顷/户，处于刚进入中度规模区间的范围内（图 6-1），由于家庭农场仍是新型农业经营形式，它的发展还存在诸多问题和制约因素，应因地制宜地提出宜于家庭农场实现适度规模经营的意见和建议。

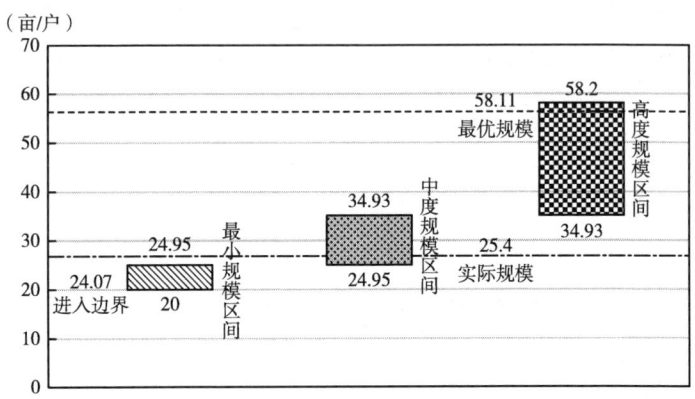

图 6-1 样本地区家庭农场适度经营规模

6.1.2 政策建议

家庭农场实现适度规模经营的几点建议：

（1）加强土地流转和其他承包经营过程中对农户的引导。鼓励农户参与土地流转承包，扩大家庭农场经营面积。第一类家庭农场的流转面积和其他经营面积普遍较小，无法实现适度经营规模，应为实现家庭农场的规模经营创造合理的外部环境，通过积极扶持和政策驱动降低农场主转包成本和租金成本。

（2）政府加大家庭农场的直接补贴。政府对农业的补贴种类很多，其中农业经营补贴和农场经营关系最大，政府应该加大农场主的直接补贴,减少家庭农场的投入成本,尤其是购买农业生产资料投入成本和机械化设备的固定成本。第一类家庭农场由于劳动投入要素成本所占份额较大,导致该类家庭农场出现规模不经济;虽然第二类家庭农场实现了规模经济,但是资本投入占成本份额的比重相对其他投入要素较高,劳动和资本生产要素所占成本的份额比例较大都可以通过提高机械化技术水平去解决。因为,耕种机械化程度的提高,有利于家庭农场土地产收益增加、劳动力生产效率的提高,并减少家庭成员以外的劳动力投入,间接降低雇工成本,增加农户经营农场的积极性,实现规模经济。

(3)培育现代化的农场主。第一类家庭农场的农场主虽然涉农经验较丰富,但学历较低,学习能力不强,再加上自身对风险的畏惧,最终没有实现规模经济。第二类家庭农场主的学历普遍较高,学习能力较强,实现了规模经济。因此,农场的经营管理需要具有一定的专业知识和管理经验,经营家庭农场的农场主不是一般的农民能够胜任的,还需要培育提高学习能力,熟识相关的法律法规知识,升级为现代化的农场主和农民企业家。

6.2 种植类家庭农场的结论和建议

6.2.1 结论

通过构建超越对数成本模型,定义家庭农场的投入与产出,分别对山西省23个经营玉米、杂粮类的家庭农场和53个经营小麦类的家庭农场进行规模经济的测算，研究家庭农场的适度规模经营问题。研究结论如下：

（1）玉米、杂粮类家庭农场的家庭劳动力人数平均为3人，小麦类家庭农场的家庭劳动力人数平均为4人，雇工以短期雇工为主，小麦类的平均短期雇工人数明显小于玉米杂粮类家庭农场的平均短期雇工人数。土地经营面积主要来自流转和其他承包经营面积，家庭农场主的学历普遍较低，说明农场主耕种经验丰富，经营较为保守。

（2）运用超越对数成本函数测定了两类家庭农场的规模经济。实证结果表明经营种植作物类别不同的两类家庭农场总体上都是规模不经济的。其中，玉米、杂粮类家庭农场总体是轻微规模不经济的，规模经济均值为1.3328，其中有5个家庭农场实现规模经济，其经营面积介于80～371亩，即5.333～24.733公顷之间，最适经营面积约为259.8亩（17.32公顷）；小麦类家庭农场的规模经济数值为1.9823，实现规模经济的农场有11个，经营总面积为75～166亩，即5～11.0667公顷，最适经营面积约为116.4亩（7.76公顷）。资本生产要素成本弹性数值与劳动、土地投入要素成本弹性数值相比较大，表明资本投入占成本投入的比例较大，两类家庭农场的 SR 均值都小于1，说明经营规模的扩大能带来经营成本的节约。

6.2.2 政策建议

明确家庭农场认定标准，推动相关部门指导和管理家庭农

第6章 结论和政策建议

场的对策建议包括:

(1) 加强土地流转和其他承包经营过程中对农户的引导。鼓励农户参与土地流转承包,扩大家庭农场经营面积,家庭农场主学历较低,普遍畏惧风险,仍可以通过扩大流转面积和其他经营面积实现适度经营规模。应为实现家庭农场的规模经营创造合理的外部环境,通过积极扶持和政策驱动降低农场主转包成本和租金成本。

(2) 政府加大家庭农场的直接补贴。政府对农业的补贴种类很多,其中农业经营补贴和农场经营关系最大,政府应该加大农场主的直接补贴,减少家庭农场的投入成本,尤其是购买农业生产资料投入成本和机械化设备的固定成本。实证结果表明家庭农场总体上没有实现规模经济,这或许是由于资本投入占成本份额的比重较大导致出现规模不经济的现象,这种情况可以通过提高机械化水平解决,因此耕种机械化程度的提高,有利于家庭农场亩产收益增加、劳动力生产效率的提高和规模经济的实现,减少家庭成员以外的劳动力投入,间接降低雇工成本,增加农户经营农场的积极性,实现规模经济。

(3) 培育现代化的农场主。农场的经营管理需要具有一定的专业知识和管理经验,调研结果表明大部分农场主虽然涉农经验较丰富,但学历较低,学习能力不强,经营家庭农场的农场主不是一般的农民能够胜任的,还需要培育提高学习能力,熟识相关的法律法规知识,造就现代化的农场主和农民企业家。

附录一

英文人名翻译表

A

Abdullahi	阿卜杜拉希
Akridge	阿科维奇
Aiyar	艾亚尔
Altieri	阿尔蒂里

B

Baumol	鲍莫尔
Banker	班克
Bell	贝尔
Belcher	贝尔彻
Blair	布莱尔
Brown	布朗

C

Cave	凯夫
Charnes	查恩斯

Chavas	查韦斯
Christensen	克里斯坦森
Clark	克拉克
Coase	科斯
Cochrane	柯克兰

D

David	大卫
Diewert	戴维特
Djurfeldt	德尤费尔德
Dalgaard	达尔加德

E

Ebneth	伊恩斯
Enke	恩克
Eric	艾瑞克
Emelianoff	诺夫

F

Farrel	法雷尔
Feathertone	费斯通
Fuss	菲斯

G

Gregory	格雷戈里

| Gasson | 加森 |

H

Hakchol	哈克齐
Hammond	哈蒙德
Hangch	哈克
Helmberger	汉姆伯格
Hudson	哈德森

J

| Jeffrey | 杰弗里 |
| Jonh | 约翰 |

K

Kebede	凯贝德
Kim	金姆
Kolari	科拉里

L

| Lansink | 兰森可 |
| Lipsey | 利普西 |

P

| Parkin | 帕金 |
| Pearce | 皮尔斯 |

| Pindyck | 平狄克 |
| Pol | 布勒 |

R

Rezvanian	罗兹安
Rhodes	罗兹
Robert	罗伯特
Ruffin	拉芬
Raup	罗普

S

Safizadeh	谢菲亚德
Schrader	施拉德尔
Schroeder	施罗德
Sexton	塞克斯顿
Smith	斯密斯
Snider	施耐德
Stuart	斯图亚特
Swanson	斯旺森
saving	萨温

T

Tovar	托瓦
Truett	特鲁特
Teece	蒂斯

V

Vassilakis	瓦斯拉克斯
Vay	沃伊

W

White	怀特
Williamson	威廉姆森
Wonnacott	旺纳科特

附录二

家庭农场生产经营状况调查问卷

尊敬的农户朋友:

您好!我是太原理工大学经济管理学院的学生,为了深入了解本区域家庭农场生产经营的状况,进而为政府相关部门提供决策参考,故进行此次问卷调查。我们保证对您填答的所有资料,仅供学术研究使用,严格保密。请您按照实际情况或真实想法进行选择。感谢您的合作。

太原理工大学经济管理学院

一、农场主及家庭基本情况

1. 您所在的省_____、县_____、乡_____、村_____。

2. 农场名称_____。

3. 您的性别_____、年龄_____、文化程度_____、是否兼业_____、是否农场主_____。

4. 家庭人口数是_____人,家庭劳动力是_____人。

5. 您所经营的种类是_____。(见备注)

二、家庭农场经营情况

经营类别	经营种类（大类）	经营种类（中类）	经营种类（小类）

备注：

经营种类（大类）：养殖业、种养业、种植业

经营种类（中类）：大牲畜类、粮食类、林产品类、棉麻品、蔬菜瓜果、水果类、药材类、油料类、其他畜牧业产品类、其他经营种类

经营种类（小类）：蜂、红枣、露地菜、棉花、苹果、设施菜、薯类、小麦、羊、猪、玉米、杂粮、经济作物、粮食作物、其他水果

三、家庭农场雇工情况

类别	雇工人数	长期雇工人数	长期雇工支出	短期雇工人数	短期雇工支出

四、家庭农场经营现状（单位：亩）

类别	经营面积	家庭承包经营面积	流转面积	其他承包面积	涉农户数

五、家庭农场投入产出现状（单位：万元）

类别	购买农业生产投入品总值	年销售农产品总值	家庭农场纯收入

六、其他情况

类别	是否注册工商标志	品牌认证	示范农场类型

参考文献

一、中文部分

[1] 把农村改革引向深入的决议. 法邦网 [EB/OL]. http://code.fabao365.com/law_92329_5.html. [1987-1-22].

[2] 贝利,克莱恩. 发展中国家的农业结构和生产率问题 [M]. 马里兰:霍布金斯大学出版社,1979:46-55.

[3] 蔡昉,李周. 我国农业中规模经济的存在和利用 [J]. 当代经济科学,1990 (2):25-35.

[4] 曾超群. 农村土地流转问题研究 [D]. 长沙:湖南农业大学,2010.

[5] 陈奇,郑家明,冯良山等. 关于辽西地区种养结合高效生产模式的探讨 [J]. 杂粮作物,2006 (2):157.

[6] 陈小磊,郑建明. 基于 C-D 模型的信息产业细分要素对经济增长贡献分析 [J]. 情报科学,2009 (2):1305-1310.

[7] 大力发展和办好职工家庭农场 (一九八四年九月二日,全国农垦工作会议通过) [J]. 中国农垦,1984 (10):5-8.

[8] 大卫·李嘉图. 政治经济学及赋税原理 [M]. 丰俊功译. 北京:光明日报出版社,2009:125-150.

[9] 戴骥, 葛琼. 规模经济问题的文献综述 [J]. 经济师, 2019 (1): 52-53.

[10] 丁春福. 关于农村土地适度规模经营问题的思考 [J]. 农业经济, 2003 (3): 22-23.

[11] 福建省委政研室课题组. 农业适度规模经营若干政策问题的思考 [J]. 中国农村经济, 1992 (05): 27-30.

[12] 高强, 孔祥智. 家庭农场的制度解析: 特征、发生机制与效应 [J]. 经济学家, 2013 (6): 48-56.

[13] 高鹏, 刘燕妮. 我国农业可持续发展水平的聚类分析——基于2000~2009年省城面板数据的实证分析 [J]. 经济学家, 2012 (03): 59-65.

[14] 郭诗歌. 晋城市家庭农场发展现状与对策研究 [D]. 太谷: 山西农业大学, 2018.

[15] 国家统计局. 新中国五十五年统计资料汇编 [M]. 北京: 中国统计出版社, 2005: 6-45.

[16] 韩喜平. 实现适度规模经营的路径选择 [J]. 税务与经济, 2009 (2): 1-4.

[17] 何宏莲, 韩学平, 姚亮. 黑龙江省农地规模经营制度性影响因素分析 [J]. 东北农业大学学报 (社会科学版), 2011 (6): 14-17.

[18] 何秀荣. 关于我国农业经营规模的思考 [J]. 农业经济问题, 2016 (9): 4-15.

[19] 贺雪峰. 地权的逻辑——中国农村土地制度向何处去 [M]. 北京: 中国政法大学出版社, 2010.

[20] 贺雪峰. 一个教授的农地考察报告. 三农中国

［EB/OL］．http：//www.snzg.net/article/2013/1031/article_35640. html．［2013-10-31］．

［21］黄河清．农业适度规模经营问题综述［J］．农业经济问题，1986（7）：27.

［22］黄新建，姜睿清，付传明．以家庭农场为主体的土地适度规模经营研究［J］．求实，2013（6）：94-96.

［23］黄延廷．我国农地规模经营中家庭农场优势的理论分析［J］．改革与战略，2011（5）：81-84.

［24］黄延廷．从台湾地区现代农户的形成实践谈大陆家庭农场的发展路径［J］．学习与实践，2013（8）：22-28.

［25］黄延廷．家庭农场优势与农地规模化的路径选择［J］．重庆社会科学，2010（5）：20.

［26］黄宗智．"家庭农场"是中国农业的发展出路吗？［J］．开放时代，2014（04）：176-194.

［27］霍紫薇．山西省家庭农场经营研究［D］．太谷：山西农业大学，2016.

［28］泓水．家庭农场在山西"茁壮成长"．三农网［EB/OL］．https：//www.zg3n.com.cn/article-91309-1.html. ［2019-7-8］．

［29］江东平，宫成喜．前进中的家庭农场［J］．财政研究，1985（02）：47-55.

［30］景亦奇．"三看"山西省家庭农场发展［J］．山西农经，2016（09）：28-29+35.

［31］雷纳，科尔曼．农业经济学前沿问题［M］．唐忠等译．北京：中国税务出版社，2000：187.

[32] 黎东升. 农户家庭经营组织创新的基本模式——家庭农场发展研究 [J]. 江西农业经济, 2000 (02): 7-8.

[33] 李鑫龙. 山西省右玉县家庭农场经营发展研究 [D]. 太谷: 山西农业大学, 2016.

[34] 李星星, 曾福生. 家庭农场综合评价指标体系设计 [J]. 湖南科技大学学报 (社会科学版), 2015, 6 (18): 79-85.

[35] 刘明. 基于新竞争 (力) 视角的企业规模经济性研究 [D]. 天津: 天津大学. 2007: 18-59.

[36] 刘守英. 上海市松江区家庭农场调查 [J]. 上海农村经济, 2013, (10): 7-12.

[37] 刘宗华. 中国银行业的规模经济和范围经济研究 [D]. 上海: 复旦大学. 2004: 35-71.

[38] 龙新. 全国家庭农场达87.7万个 [N]. 农民日报, 2013-6-5 (001).

[39] 罗必良. 农地经营规模的效率决定 [J]. 中国农村观察, 2002, 19 (5): 18-24.

[40] 罗浩轩. 要素禀赋结构变迁中的农业适度规模经营研究 [J]. 西部论坛, 2016, (5): 9-19.

[41] 罗荣根. 论经济欠发达地区的土地适度规模经营 [J]. 农业经济问题, 1997 (3): 50-52.

[42] 迈克尔·P. 托达罗. 第三世界的经济发展 [M]. 印金强等, 译. 北京: 中国经济出版社, 1992: 219.

[43] 彭剑良. 农场·企业·公司——国营农场改革的一种思路 [J]. 中国农村经济, 1994 (10): 46-50.

[44] 钱贵霞. 粮食生产经营规模与粮农收入研究 [D].

北京：中国农业科学院．2005．

[45] 钱克明，彭延军．我国农户粮食生产适度规模的经济学分析 [J]．农业经济问题，2014（4）：100．

[46] 屈学书．我国家庭农场发展问题研究 [D]．太原：山西财经大学，2014．

[47] 任荣华．吉林省玉米生产农户适宜规模存在性的实证研究 [J]．农业经济问题，2007（S1）：4-11．

[48] 山西省农业厅关于认定家庭农场的暂行意见．山西省农业厅 [EB/OL]．http//nynct.shanxi.gov.cn/root25/auto1235/auto1240/201311/t20131108_46370.html? keywords = 关于认定家庭农场．[2013-11-08]．

[49] 施蔚．江苏木材加工产业的规模经济问题研究 [D]．南京：南京林业大学，2007：51．

[50] 孙恒志．综合投入与柯布——道格拉斯生产函数的估算 [J]．数量经济技术经济研究，1985（05）：42-43．

[51] 唐小我，慕银平，马永开．柯布——道格拉斯生产函数条件下成本函数的进一步分析 [J]．中国管理科学，2005（4）：1-6．

[52] 田兴兰．适应市场经济实行土地规模经营 [J]．山西财经学院学报，1996（2）：58-59，66．

[53] 王佳洁，鞠军．农村土地适度规模的确定方法和实证研究 [J]．国土资源科技管理，2010（6）：15-20．

[54] 王贻术．我国家庭农场发展研究 [D]．福州：福建师范大学，2015．

[55] 王征兵．机会成本下的水稻合理种植规模研究——

以江西省抚顺市临川区何岭村为例 [J]. 农村经济, 2011 (3): 9-11.

[56] 汪兴东, 刘文兴. 家庭农场运作绩效的主要影响因素分析 [J]. 商业研究, 2013 (10): 160-164.

[57] 威廉·配第. 政治算数 [M]. 陈冬野译. 北京: 商务印书馆, 1978.

[58] 西奥多·W. 舒尔茨. 改造传统农业 [M]. 北京: 商务印书馆, 2006: 120-128.

[59] 夏大斌. 家庭农场是社会主义国营农场内部的一种经营形式——与华荣传同志商榷 [J]. 农垦经济研究, 1987 (11): 35-37.

[60] 项岩喊娃. 我国家庭农场发展现状及对策 [J]. 江西农业, 2018 (08): 68.

[61] 肖斌, 付小红. 关于发展家庭农场的若干思考 [J]. 当代经济研究, 2013 (10): 41-47.

[62] 许庆, 尹荣梁, 章辉. 规模经济、规模报酬与农业适度规模经营 [J]. 经济研究, 2011 (3): 59-71.

[63] 徐印贤. 山西省吉县家庭农场发展情况调研报告 [J]. 山西农经, 2014 (02): 56-57.

[64] 徐勇, 赵永茂. 土地流转与乡村治理——两岸的研究 [M]. 北京: 社会科学文献出版社, 2010.

[65] 亚当·斯密. 国民财富的性质和原因的研究 (上卷) [M]. 郭大力等译. 北京: 商务印书馆, 2008: 110-118.

[66] 杨峰挺, 邢文珊, 龚益成, 朱英琦. 柯布——道格拉斯生产函数在地县级农业生产经济效果评价中的应用——陕

西省安康地区定点调查500个农户生产经济效果评价[J]. 数量经济技术经济研究, 1987 (05): 55-59.

[67] 杨素群. 农业经营适度规模解析[J]. 唯实, 1998 (3): 25-28.

[68] 杨文礼, 耿霖. 论土地规模经营[J]. 理论建设, 1996 (2): 22-26.

[69] 袁赛男. 家庭农场: 我国农业现代化进路选择——基于家庭农场与传统小农户、雇工制农场的比较[J]. 长白学刊, 2013 (4): 92-97.

[70] 袁小慧, 华彦玲, 王凯. 江苏省农户水稻适度规模经营模式创新研究[J]. 江苏农业学报, 2014 (3): 645-653.

[71] 约翰·梅勒. 农业经济发展学[M]. 北京: 北京农业大学出版社, 1990: 180.

[72] 岳文韬. 对当前农业适度规模经营的几点看法[J]. 农业技术经济, 1986, (6): 23.

[73] 张瑞芝, 钱忠好. 农业适度经营规模初探[J]. 扬州大学学报(人文社会科学版), 1999 (1): 74-78.

[74] 郑少锋. 土地规模经营适度的研究[J]. 农业经济问题, 1998 (11): 8-12.

[75] 中共中央关于一九八四年农村工作的通知[N]. 人民日报, 1984-06-12.

[76] 钟涨宝, 聂建亮. 论农地适度规模经营的实现[J]. 农村经济, 2010 (2): 33-36.

二、英文部分

[1] Altieri, M. A. , Agroecology: the science of natural resource management for poor farmsers in marginal environments, Agriculture, Ecosystems and Environment [J]. Dec 2002, 121 (3): 88 -90.

[2] Aiyar S. , Dalgaard C. J. , Accounting for productivity: Is it OK to assume that the world is Cobb – Douglas? [J]. Journal of Macroeconomics, 2009, 31 (2): 290 -303.

[3] Banker R. D, . Charnes A, Cooper W. W. 1984. Some models for estimating technical and scale inefficiencies in data envelopment analysis. Management Science [J]. 30 (9): 1078 – 1092.

[4] Baumol W. J. . Scale economies, average cost, and the profitability of marginal cost pricing. C. V. Starr Center for Applied Economics [J]. New York University in its series Working Papers with number, 1975: 75 -34.

[5] Baumol W. J, Blinder A. S. . Economics: principles and policy [Z]. Mason, OH: South – Western Cengage – Learing, 2010: 127 -155.

[6] Bell C. R. Economies of, versus Returns to, scale: a clarification [J]. Journal of Economic Education, 1988, 19 (4): 331 -335.

[7] Blair R. D. , Kenny L. W. . Microeconomics with business applications [M]. Canada: John Wiley & Sons, Inc. ,

1987a: 142 – 157.

[8] Charnes A, Cooper W. W., Golany B, Seiford L, Stutz J. Foundations of data envelopment analysis for pareto – koopmans efficient empirical productions functions [R]. Ft. Belvoir Defense Technical Information Center FEB. 1985 : 1 – 31.

[9] Charnes A, Cooper W. W., Kortanek K.. Duality in semi – infinite programs and some works of haar and caratheodory [R]. Ft. Belvoir: Defense Technical Information Center, Mar. 1962: 10 – 35.

[10] Charnes A, Cooper W. W., Richard J. N.. Management science approaches to manpower planning and organization design [M]. Amsterdam, New York, North – Holland Publishing Co., 1978: 2 – 15.

[11] Charnes A, Cooper W. W., Thrall R. M.. A structure for classifying and characterizing efficiencies and inefficiencies in data envelopment analysis [M]. Austin, Tex: Center for Cybernetic Studies, College of Business Administration, University of Texas at Austin. 1986.

[12] Charnes A, Cooper W. W., Wei Q. L., Huang Z. M.. Cone Ratio Data envelopment analysis and muti – objective programming [R]. Ft. Belvoir: Defense Technical Information Center, Jan. 1987: 1 – 32.

[13] Charnes A. Measuring the efficiency of decision making units. European [J]. Journal of Operational Research, 1978, 2 (2): 429 – 444.

[14] Christensen L. R. , Greene W. H. . Economies of Scale in U. S. Electric Power Generation [J]. Journal of Political Economics. 1976, 81 (1): 655 – 676.

[15] Christensen L. R, Jorgenson D. W, LAU L. J. . Transcendental Logarithmic Production Frontiers [J]. Review of Economics and Statistics. 1973, 55 (1): 28 – 45.

[16] Djurfeldt G. . Defining and operationalizing family farm from sociological perspective [M]. Sociologia Ruralis, 1996, 36 (3): 340 – 355.

[17] Eric J. S. . Intermediate microeconomics [M]. Plano, Texas: Business Publications, Inc. 1982: 269 – 271.

[18] Everitt B. S. , Sabine L. Morven L. Cluster Analysis (4th edition) [M]. London: Arnold. 2001.

[19] Farrel M. J. The measurement of productive efficiency [M]. Journal of the Royal Statistical Society, Series A General, 1957, 120 (3): 417 – 427.

[20] Fuss M, Fadden M. D. . Production Economics: A Dual Approach to Theory Application [M], 1978. Amsterda: North-Holland.

[21] Gasson R, Errington A. The farm family business. Wallingford: CAB International in South African agriculture [R]. Policy Research Working Paper Series, 1995, 20 (2): 153 – 161.

[22] Gregory M. G. , Douglas W. M. . Returns to scale and economies of scale: further observations [J]. Journal of Economic Education, 1996, 27 (3): 259 – 261.

[23] Kebede E, Schreiner D. F.. Economies of scale in dairy marketing cooperatives in kenya [J]. Agribusiness, 1996, 12 (4): 395 - 402.

[24] Jonh Lemons. Structural Trends in Agriculture and Preservation of Family farmss [J]. Environmental Management, 1986 (10): 75 - 88.

[25] Lipsey R. G., Steiner P. O., Purvis D. D., Economics [M]. New York: Harper & Row. 1966: 61 - 122.

[26] Mansfield E. Microeconomics: theory and applications [M]. New York: W. W. Norton & Company, 1988: 176 - 178.

[27] Parkin M. Economics reading [M]. Mass. : Addison - Wesley. 1993: 254 - 261.

[28] Pindyck R. S., Rubinfeld D. L.. Microeconomics: second edition [M]. New York: Macmillan Publishing Company. 1992: 222.

[29] Pol Antràs. Is the U. S. aggregate production function Cobb - Douglas? new estimates of the elasticity of substitution [J]. Contributions to Macroeconomics, 2004, 4 (1): 1161.

[30] Pearce, D. W., The Macmillan Dictionary of Modern Economics [M]. The MacMillan Press Ltd. 1981.

[31] Raup, P. M., Family farming: rhetoric and reality. Minneapolis: Department of Agricultural Economics and Applied Economics. America: University of Minnesota. 1986.

[32] Smith A. Review of the wealth of nations [J]. The Journal of Political Economy, 1910, 18 (5): 405.

[33] Smith A. The wealth of nations: book1 -3 [M]. Harmondsworth: Penguin Books. 1976.

[34] Stuart M. J.. Principles of political economy, with some of their applications to social philosophy [M]. LONDON, J. W. PARKER. 1848: 20 -26.

[35] Truett L. J., Truett D B. Regions of the production function, returns, and economies of scale: further consideration [J]. Journal of economic education, 1990, 21 (4): 411 -419.

[36] Vassilakis S. Increasing returns and strategic behavior: the worker - firm ratio [J]. The rand journal of economics, 20 (4): 622 -636.

[37] White D, Smith A, Skinner A. S. Whilson T. Adam Smith's Wealth of Nations Review of an Inquiry into the nature and causes of the wealth of nations review of essays on adam smith [J]. Journal of the history of ideas, 1976, 37 (4): 715 -720.

[38] Wonnacott R. J. An introduction to microeconomics [M]. New York: McGraw - Hill. 1982.

[39] Zyl, J. V., Binswanger, H. & Thirtle, C. The relationship between farms size and efficiency in South African agriculture [J]. Policy Research Working Paper Series, 1995, 20 (2): 153 -161.